ESSAI

SUR LES

FORMES DE GOUVERNEMENT

DANS LES SOCIÉTÉS MODERNES

OUVRAGES DU MÊME AUTEUR

L'Enseignement populaire au XIXe siècle. Hachette, 1 vol. in-8 .... 7 fr. 50

Études et essais. Hachette. 1 vol. in-12.......... 3 fr. 50

La Prusse et l'Autriche depuis Sadowa. Hachette. 2 vol. in-12. .... 7 fr. »»

Les Nibelungen et les Eddas. A. Lacroix et Verbœckhoven. 2 vol. in-12 .... 7 fr. »»

L'Économie rurale de la Belgique. A. Lacroix et Verbœckhoven. 1 vol. in-12.................... 3 fr. 50

L'Économie rurale de la Néerlande. A. Lacroix et Verbœckhoven. 1 vol. in-12.................... 3 fr. 50

Questions contemporaines. A. Lacroix et Verbœckhoven. 1 vol. in-12.......................... 3 fr. 50

Le marché monétaire depuis cinquante ans. Guillaumin. 1 vol in-8............................ 5 fr. »»

PARIS. — IMPRIMERIE DE E. MARTINET, RUE MIGNON, 2.

ESSAI

SUR LES

FORMES DE GOUVERNEMENT

DANS LES SOCIÉTÉS MODERNES

PAR

M. Émile DE LAVELEYE

PARIS

LIBRAIRIE GERMER BAILLIÈRE

17, RUE DE L'ÉCOLE DE MÉDECINE

1872

La fin de notre siècle et le commencement du siècle prochain seront profondément troublés par deux causes de dissensions touchant aux racines de l'ordre social actuel.

Les ouvriers sont mécontents de leur sort. Ils veulent obtenir une plus grande part du produit annuel du travail et même une part du capital et de la terre, et l'on n'entrevoit pas encore quelles seraient les lois et les institutions qui pourraient donner satisfaction à leurs vœux.

Partout les religions positives sont ébranlées par l'œuvre de la critique. Dans les pays catholiques le clergé, obéissant à son chef infaillible, veut anéantir les libertés modernes, et les amis de ces libertés s'efforcent de les défendre. De là une lutte qui ébranle les croyances et même le sentiment religieux.

Ce que l'on appelle « la question sociale » et « la question religieuse », voilà donc ce qui troublera surtout les années qui vont suivre. Le problème de l'organisation politique des sociétés ne vient qu'au second rang. Néanmoins, comme c'est au moyen des institutions politiques qu'on touche aux droits des classes ouvrières et des églises, le point de savoir quelles sont celles qui conviennent aux peuples civilisés de notre époque mérite encore la plus sérieuse attention. Nous avons essayé d'émettre quelques vues à ce sujet, entraîné et aidé par la lecture de plusieurs ouvrages importants récemment publiés (1).

L'année dernière, au moment où la France allait être de nouveau amenée à renverser le gouvernement établi et à s'en donner un autre, deux écrivains de grande expérience publiaient chacun un livre sur les diverses organisations politiques des sociétés. Ils examinaient l'un et l'autre les caractères qui distinguent les différentes formes de gouvernement, les causes qui en assurent le succès ou en déterminent la chute. Leurs ouvrages n'étaient pas inspirés par les circonstances du jour. Celui de M. de Parieu est le fruit de toute une vie de lectures assidues, d'annotations consciencieuses et de réflexions impartiales sur les meilleurs ouvrages de science politique dans toutes les langues. Il y a trente ans que M. Passy prépare son livre et déjà plus d'une fois il en a lu des chapitres à

(1) I. *Principes de la science politique*, par M. de Parieu, vice-président du conseil d'État, membre de l'Institut, 1870. — II. *Des Formes de gouvernement et des lois qui les régissent*, par M. H. Passy, membre de l'Institut, 1870. — III. *La Science de la société humaine*, par M. Dimitry de Glinka, ministre plénipotentiaire de Russie au Brésil. — IV. *Vues sur le gouvernement de la France*, par le duc de Broglie. — V. L'*Héritage de la Révolution*, par Courcelle-Seneuil. — VI. *De l'organisation du gouvernement républicain*, par P. Larroque.

l'Institut. D'où vient donc que ces deux ouvrages ont paru à l'heure précise où la France, en quête de la forme de gouvernement qui lui convient le mieux, allait avoir à les consulter? N'est-ce point parce que leurs auteurs, peut-être sans s'en rendre compte, sentaient, comme tout le monde, que de grands changements se préparaient, et que le moment était venu où les hommes qui avaient réfléchi mûrement sur ces difficiles problèmes de la politique pouvaient utilement communiquer au public les résultats de leurs longs travaux?

Contraste piquant : de ces deux écrivains, c'est le haut dignitaire de l'empire qui a le plus de confiance dans l'avenir de la démocratie, et l'économiste libéral qui en a le moins. « Suivant moi, dit M. de Parieu, l'effet particulier de la démocratie pure peut et doit être, dans les États civilisés, le plus grand développement de la liberté et de l'égalité à la fois. La démocratie vraie favorise ces deux principes d'une manière simultanée, et réciproquement en les développant on fortifie la démocratie. » — « N'oublions pas, ajoute ailleurs l'ancien vice-président du conseil d'État, que, si le nom des Césars rappelle un grand développement de pouvoir sans stabilité, il rappelle aussi la corruption réciproque des gouvernants et des gouvernés, une décadence enfin dont le christianisme doit aujourd'hui préserver le monde. » Il y avait sans doute quelque mérite à émettre semblable jugement devant celui qui venait d'écrire le panégyrique de César.

M. H. Passy s'attache à examiner deux questions

principales qui dominent les autres. D'abord d'où proviennent les différences que l'on rencontre dans les formes de gouvernement des diverses nations, et ces différences vont-elles disparaître? Secondement les sociétés modernes finiront-elles, comme on le croit généralement, par se constituer en républiques?

Ce n'est pas à des considérations théoriques que M. Passy demande la réponse à ces questions, c'est à l'étude des faits historiques. Sous ce rapport, son ouvrage surpasse, je crois, tout ce qui a été publié jusqu'à ce jour, comme application de l'histoire à l'examen des problèmes politiques. Montesquieu aussi invoque l'histoire, mais trop souvent, à l'appui d'un principe juste, il cite un fait douteux de l'antiquité ou une anecdote absurde racontée par un voyageur ignorant. On admire d'autant plus le génie de ce grand homme, qui a su tirer des vérités lumineuses d'aussi pitoyables éléments; mais ce qui convainc, c'est la raison de l'écrivain et non l'autorité des faits qu'il cite. La plupart du temps, le seul raisonnement aurait apporté plus de lumières.

Les ouvrages allemands sur la science politique sont nombreux, parce que c'est une des branches de l'enseignement supérieur, et beaucoup de professeurs ont publié des traités complets de droit public (*allgemeines Staatsrecht*) (1). La partie historique y est ex-

(1) Les volumineux ouvrages de MM. Mohl, Bluntschli et Lorenz Stein, professeur à l'Université de Vienne, méritent surtout d'attirer l'attention. — Ces auteurs ont résidé dans l'Allemagne méridionale et en Suisse, où le régime représentatif était en vigueur, et ils ont pu en étudier le mécanisme.

posée avec une érudition toujours sûre; mais l'originalité manque trop souvent, par la raison très-simple que l'Allemagne n'a pas encore joui de la pleine liberté politique. En Angleterre et en Amérique, nous trouvons des auteurs éminents qui résument l'expérience d'une grande race habituée au régime représentatif et libre, Lewis, Brougham, Mill, Lieber, Bagehot; mais l'empreinte anglo-saxonne est si profondément marquée dans leurs écrits, qu'on ne peut y trouver les raisons pour lesquelles les autres peuples n'ont pas su conquérir ou garder la liberté comme les Anglais. Or pour nous, voilà la grande question. Le livre de M. de Glinka n'est pas sans mérite, mais il se tient dans les généralités philosophiques et glisse sur les faits actuels.

M. Passy passe en revue tour à tour l'histoire de la Grèce, celle de Rome, de la France, de l'Angleterre, des Pays-Bas, de l'Italie, de tous les pays européens, et il démêle, avec une sûreté qu'on ne peut trop admirer, les causes qui ont ici amené le despotisme, et qui là ont fait triompher la liberté. Chacun de ces chapitres historiques est lumineux de bon sens et renferme mille enseignements dont jamais mieux qu'en ce moment on ne peut apprécier la justesse et l'utilité. Je résumerai d'abord les conclusions de ce livre remarquable en me réservant d'en discuter ensuite certains points, avec toute la déférence qu'inspire naturellement une telle autorité.

ESSAI

SUR LES

FORMES DE GOUVERNEMENT

DANS LES SOCIÉTÉS MODERNES

CHAPITRE PREMIER

COMMENT LE DESPOTISME SORT DE L'ANARCHIE.

Ce qui fait la différence essentielle des formes de gouvernement, c'est, d'après M. Passy, la part plus ou moins grande de pouvoir qu'ils assurent au peuple. Dans les monarchies, le pouvoir suprême est exercé en tout ou en partie par des souverains héréditaires. Dans les républiques, au contraire, tous les pouvoirs émanent de l'élection, et la nation se gouverne elle-même par ses élus. Ce qui distingue nettement la république de la monarchie, c'est que dans l'une le peuple conserve et que dans l'autre il abandonne la souveraineté constituante. Chacune de ces formes de gouvernement présente une infinité de nuances qui les éloigne ou les rapproche les unes des autres, mais les traits caractéristiques de chacune d'elles se prononcent de plus en plus dans le cours de l'histoire.

Voyons maintenant d'où provient la diversité des formes de gouvernement.

Partout la tâche des gouvernements a été la même : maintenir la paix et l'ordre dans les États qu'ils régissent, et en assurer la défense contre les attaques de l'étranger. Voilà ce que les peuples ont toujours exigé de leurs gouvernants. Or les conditions des divers États ayant été et étant encore très-différentes, les gouvernements n'ont pu remplir leur mission en suivant les mêmes procédés, et en s'assujettissant aux mêmes formes. Il a fallu accorder aux souverains un pouvoir d'autant plus grand, d'autant plus absolu, que les populations se trouvaient plus divisées, moins capables de s'entendre et d'agir en commun. C'est là une loi universelle, et tout peuple qui l'a méconnue en a été puni par la décadence ou la mort.

Les causes qui, en provoquant les dissensions intestines, ont fait naître le despotisme, sont nombreuses, et M. Passy énumère les principales, en montrant comment elles ont agi. Ce sont les hostilités de race, l'antagonisme des croyances religieuses, les dissentiments entre les différentes classes de la société, la diversité des intérêts locaux, la trop grande étendue du territoire. En examinant chacun de ces points, M. Passy apporte une telle abondance de preuves, qu'à moins de dénier toute valeur à l'expérience, il faut bien admettre une loi qu'on pourrait formuler ainsi : plus dans un pays il y a de causes de dissensions, plus ces dissensions sont profondes, moins il y a de chance que le peuple conserve le pouvoir, et plus il y en a qu'il l'abdique entre les mains d'un maître.

La réflexion seule suffit pour nous révéler ce que M. Passy nous montre ici l'histoire à la main. Pourquoi les hommes vivent-ils en société ? Pour jouir en sécurité des fruits de leur travail. Tout gouvernement qui ne donne pas cette sécurité est donc inévitablement destiné à périr. Les hommes sacrifieront toujours la liberté à l'ordre, parce que l'ordre est la condition même de la vie dans une société civilisée, tandis que la liberté n'est qu'une manière de vivre. Sans ordre pas de travail, et sans travail pas de pain. Une nation aimera mieux vivre asservie, que périr d'anarchie, en l'honneur de la liberté.

CHAPITRE II

LES SOCIÉTÉS MODERNES SE CONSTITUERONT-ELLES EN RÉPUBLIQUES ?

Ceci établi, pour savoir si les sociétés modernes arriveront à se constituer en républiques, il faut voir si les causes de discordes et de troubles qui ont toujours amené le despotisme vont disparaître. Or c'est là ce que M. Passy ne croit pas. Parmi ces causes de discordes qui menacent l'avenir, il n'en cite qu'une seule, ce sont les idées socialistes, et on aurait désiré qu'il eût donné sur ce point plus de développement à sa pensée. Il est vrai que d'épouvantables catastrophes ne sont venues que trop tôt apporter aux paroles de M. Passy une lugubre et sanglante confirmation. Aussi longtemps, dit-il, que la vie républicaine imprimera une activité dissolvante à ces causes de division, il faudra bien admettre des pouvoirs dont l'existence ne dépende pas des volontés dont ils ont à contenir les dangereuses ou criminelles aspirations. Et ainsi, quoi qu'on fasse, le pouvoir monarchique finira toujours par renaître des nécessités mêmes de la situation.

Mais, objectera-t-on, la monarchie ne peut pas se maintenir isolée sur un sol complétement nivelé par la démocratie et sans l'appui d'une aristocratie puissante. Les sociétés, à mesure qu'elles acquièrent plus de lumières et d'expérience, aspirent à se gouverner elles-mêmes. Déjà, partout en Europe, sauf en Russie, les peuples ont repris en main la plupart des pouvoirs qu'ils avaient délégués à leurs gouvernants, et les monarchies absolues se sont transformées en monarchies parlementaires. Ce mouvement continuera, parce que les causes qui l'ont provoqué n'ont pas cessé d'agir, et prennent au contraire une force nouvelle. Le temps approche donc où toutes les nations, les unes plus tôt, les autres plus tard, ne laisseront plus subsister d'autres pouvoirs que ceux qui, par l'élection, représentent directement la volonté populaire, et ainsi elles adopteront la forme républicaine. Telle est bien l'idée générale qui domine, et elle est si répandue que même beaucoup de souverains la partagent, et ont cessé de croire à l'éternité des dynasties.

Cette opinion si accréditée rencontre en M. Passy un contradicteur armé d'arguments qui donnent à réfléchir. Ce n'est pas qu'il ait contre la république des préventions hostiles ; loin de là, il admire la forme républicaine : il montre qu'en Grèce, en Italie, elle a présidé à l'épanouissement de civilisations qui, par la splendeur des beaux-arts, des lettres, des spéculations philosophiques, et par la grandeur des caractères, nous apparaissent comme les plus beaux moments de l'histoire humaine. M. Passy me semble être sur ce point dans la situation d'esprit de tous les hommes de notre temps qui ont réfléchi sur les questions politiques.

Autrefois la république était l'objet pour les uns d'un ardent enthousiasme, pour les autres d'une violente aversion mêlée d'effroi. Ces sentiments ont presque complétement disparu.

Le grand problème de notre époque est économique et social plutôt que politique. Ce qui occupe avant tout les hommes, c'est de savoir non pas comment les pouvoirs, mais comment les richesses se répartiront.

Lisez les manifestes des comités révolutionnaires, écoutez ce qui se dit dans les ateliers, tâchez de surprendre les vœux encore muets des masses profondes qui vivent du salaire. De quoi s'agit-il ? De fonder une forme de gouvernement plus libre, d'abolir la royauté ? Non, c'est à peine si l'on en parle. Ce que l'on veut, c'est mettre la main sur les instruments du travail, sur la terre, sur le capital, pour les répartir entre les travailleurs associés en corporations, afin de leur assurer une plus large part des produits. La république, le suffrage universel, formes creuses, dit-on, qui enthousiasment les dupes, mais qui n'augmentent pas les salaires.

D'autre part, lisez les livres récents consacrés aux études politiques, ceux de Mill, de Prevost-Paradol, de Bagehot : république ou monarchie représentative, les auteurs semblent n'y faire nulle différence. Ils cherchent les formes d'un bon gouvernement, et les règles qu'ils formulent s'appliquent aussi bien à la forme républicaine qu'à la forme monarchique. Ces questions, qui autrefois excitaient tant de passion, on les discute aujourd'hui avec une impartialité parfaite et une méthode toute scientifique que n'influencent plus ni engouements, ni hostilités.

Ce qui porte M. Passy à douter de l'avénement prochain et universel de la république, ce sont les enseignements de l'histoire.

Il fait d'abord remarquer que la chute de l'aristocratie ne doit pas entraîner, comme on le dit, la chute de la royauté, attendu que la royauté a grandi sur les ruines de l'aristocratie, et que son pouvoir s'est accru dans la proportion exacte où diminuait celle des nobles. A Rome, l'empire s'est établi en écrasant les patriciens, puis en les asservissant. Dans l'Europe moderne, les souverains n'ont fondé leur autorité qu'en brisant les résistances des grands propriétaires féodaux. Le seul pays où le roi n'est jamais parvenu à établir le pouvoir absolu est celui où l'aristocratie a survécu jusqu'à nos jours.

« On a vu, ajoute M. Passy, des républiques se transformer et subsister en monarchies; il est sans exemple qu'une monarchie d'une certaine grandeur ait réussi à se transformer et à subsister en république. Parmi celles qui l'ont essayé, les unes, accablées par les dissensions d'une violence croissante, ont fini par succomber sous les armes de l'étranger, les autres sont revenues sur leurs pas, mais à travers des dictatures plus ou moins longues et oppressives. Tel a été jusqu'ici le cours constant des événements, et à moins qu'il ne survienne dans la situation, le tempérament, les tendances et les aptitudes politiques des nations de l'Europe des changements que n'annonce aucun signe précurseur et auxquels les enseignements du passé défendent de croire, tel il demeurera durant tout l'avenir, sur lequel les données du présent autorisent à former des conjectures. »

A ne consulter que l'histoire, les conclusions de M. Passy sont inattaquables. Toutes les républiques de la Grèce vont se perdre dans l'empire d'Alexandre, et toutes les républiques italiques, gauloises, hispaniques et libyques dans l'empire romain. L'Europe au moyen âge, du nord au midi, était pleine de républiques. Combien en reste-t-il aujourd'hui? Une seule, la Suisse. Deux grandes nations, la France et l'Angleterre, ont tenté par des efforts héroïques de fonder la république; toutes deux ont échoué, et la France à deux reprises déjà. La grande république polonaise a été dévorée par l'absolutisme moscovite, et, quand on a écrit son histoire, on n'a pas cru pouvoir lui donner de titre plus juste que celui de *l'Anarchie de la Pologne*. Chacune des grandes secousses qu'a subies l'Europe a été mortelle à quelque république. Les guerres de la fin du siècle dernier, entreprises pour en fonder de nouvelles, ont fini par tuer presque toutes celles qui existaient, et la guerre de 1866 a mis fin à la carrière des deux seules qui eussent survécu en Allemagne, Hambourg et Francfort. Il est donc incontestable que le témoignage de l'histoire devrait faire désespérer de l'avenir de la république.

Cependant on ne peut toujours conclure du passé à l'avenir. L'esclavage ayant existé de tout temps, on le déclarait éternel, et pourtant il a presque complétement disparu. C'était un axiome en politique que la forme républicaine ne convenait qu'à un petit État, et cependant nous voyons une république s'étendre sur tout un continent, grandir avec une rapidité vertigineuse et devenir l'État le plus puissant de l'univers. L'axiome était vrai autrefois, il ne l'est plus aujourd'hui. C'est que la république se fonde sur la communauté des volontés, amenée par l'échange des idées. Or autrefois les hommes ne pouvaient guère se communiquer leurs pensées que par la parole. Les limites naturelles d'une république démocratique étaient donc les murs d'une cité. Aujourd'hui le livre, le journal, le télégraphe, apportent à tous au même moment la même impression et étendent le cercle de l'agora aux frontières d'une langue ou aux limites d'un continent. Voici donc un grand obstacle à l'établissement des républiques supprimé, rien que par le progrès des inventions techniques.

Des progrès dans l'ordre moral feraient disparaître

bien d'autres obstacles. Supposez un moment les hommes assez éclairés pour discerner leur véritable intérêt : comme l'intérêt véritable de tous réside dans le respect de la justice, en poursuivant cet intérêt ils établiraient l'ordre, et, sous l'empire de l'égoïsme bien entendu, ils feraient régner la justice entre eux. Plus donc les hommes comprendront que le vrai bonheur consiste dans l'accomplissement du devoir et dans la pratique du bien, plus ils seront capables de se gouverner. Ceci n'est pas une simple hypothèse.

Depuis plus de deux cents ans, nous voyons dans la Nouvelle-Angleterre des sociétés se gouverner librement elles-mêmes par l'élection de toutes leurs autorités sans exception, autorités politiques, autorités administratives, autorités judiciaires, autorités ecclésiastiques, sans avoir besoin qu'un roi vienne mettre l'ordre dans leurs rues ou un pape dans leurs consciences. Les habitants du Massachusetts, du Maine, du Vermont, du New-Jersey, du Rhode-Island, du New-Hampshire, étaient tout simplement des gens éclairés, religieux, raisonnables, et par suite ils ont su faire des lois justes et obéir aux lois qu'ils avaient faites. Ainsi la république s'est maintenue.

Pour que le même régime s'établisse et subsiste en Europe, il suffirait que les peuples européens, dans toutes les classes de la société, acquissent des lumières aussi saines, un bon sens aussi solide, une religion aussi raisonnable que les habitants de la Nouvelle-Angleterre. Nous sommes, hélas ! loin de cet état, et on ne peut dire quand nous y arriverons, car nous ne soupçonnons même pas la distance qui nous en sépare; mais qui oserait affirmer que ce but ne sera jamais atteint?

CHAPITRE III

C'EST LA LIBERTÉ MÊME ET NON LA RÉPUBLIQUE QUI EST DIFFICILE A ÉTABLIR.

Les obstacles qui, d'après M. Passy, s'opposeront dans l'avenir à l'établissement de la république, n'existeront pas moins pour la monarchie constitutionnelle, car, de ces deux formes de gouvernement, l'une est aussi fragile, aussi délicate, aussi difficile à manier que l'autre. Il faut donc aller plus avant et se demander si les sociétés modernes, inévitablement travaillées par les dissensions sociales et l'hostilité des classes, pourront supporter des gouvernements libres.

M. Passy a distingué deux sortes de gouvernements : ceux où le pouvoir se transmet héréditairement, et ceux où tous les pouvoirs émanent de l'élection, c'est-à-dire d'une part des républiques, de l'autre des monarchies.

Cette division ne me paraît pas porter sur le fond même des choses et sur l'essentiel en politique. Si on s'y tient, il faudra ranger dans une même catégorie le régime en vigueur aux États-Unis, dans les États-Romains, à Venise autrefois. et dans tous les ordres religieux. Le gouvernement de l'Église catholique est l'absolutisme le plus parfait qui ait jamais existé et qui se puisse concevoir, puisque, le pape infaillible étant le souverain maître des consciences et le suprême arbitre de la vérité, il faut lui obéir passivement, non-seulement pour les actes, mais pour les pensées et les croyances, de sorte que rien n'échappe à l'étreinte omnipotente, et qu'il ne reste pas même au fond de l'âme le moindre refuge pour l'indépendance humaine. Néanmoins, dans cette Église le souverain est élu, et aucune fonction ne se transmet par l'hérédité. C'est donc une sorte de république. Dans l'autre catégorie, il faudra mettre ensemble le gouvernement de la Russie et celui de la Grande-Bretagne, qui tous deux sont des monarchies. Peut-on cependant voir deux régimes plus différents sous tous les rapports?

La distinction en gouvernements monarchiques et en gouvernements républicains réunit souvent ce qui est très-dissemblable, et sépare ce qui est presque identique. Ainsi la façon dont les Anglais et les Américains se gouvernent se ressemble tellement qu'il est très-difficile de marquer la différence. Passez des États-Unis au Canada, le régime est identiquement le même, sauf qu'ici il y a un gouverneur nommé par la reine Victoria; mais son pouvoir est bien plus limité que celui du président de l'Union. Allez du Canada en Australie et de là au cap de Bonne-Espérance, vous trouverez les mêmes institutions, les mêmes traditions, les mêmes habitudes en politique, le même *self-government*. Transportez-vous en Russie, vous êtes encore sous une monarchie, mais en réalité vous êtes dans un autre monde.

La vraie distinction est plutôt celle-ci : dans certains pays, la volonté qui dirige réellement les affaires est celle du souverain; dans d'autres pays, c'est celle de la nation. Le régime politique des premiers est un gouvernement despotique ou absolu, le régime des seconds un gouvernement libre ou représentatif.

Certains États sont dans une période de transition et dans une situation mixte, la Prusse par exemple. En Prusse, la volonté de la nation exprimée par le Parlement librement élu exerce une influence très-grande sur la direction des affaires; mais en cas de conflit, c'est la volonté du souverain qui l'emporte.

En Russie et en Angleterre, il n'y a pas de conflit : en Russie, parce que la nation n'ose pas résister au souverain; en Angleterre, parce que le souverain ne songe pas à résister à la nation. Le régime russe est franchement absolu, le régime anglais franchement représentatif.

Peu importe que le pouvoir exécutif soit aux mains d'un roi héréditaire ou d'un président élu, si c'est en définitive la volonté de la nation formulée par ses représentants qui l'emporte, la situation est la même : le pays se gouverne lui-même, et c'est là l'important. Il faut aller au fond, sans se laisser tromper par les apparences du régime constitutionnel ou de la division classique des trois pouvoirs. Sous tous ces dehors, on est parvenu à établir dans des pays très-civilisés un régime aussi complétement despotique que dans les empires asiatiques. Que le souverain nomme les chefs des provinces et des communes, que par leur influence il fasse élire des représentants tout à sa dévotion, que par la crainte de déplaire ou par l'espoir d'avancer les juges préviennent ses ordres, et ce souverain, réunissant dans ses mains les pouvoirs exécutif et judiciaire, fera de la nation ce qu'il voudra.

Dès qu'on admet la distinction que je viens d'indiquer, on voit aussitôt que ce qui est en question aujourd'hui, c'est l'avenir non de la république, mais des gouvernements libres. Si les sociétés modernes se croient menacées d'une dissolution sociale, et si elles s'épouvantent à l'idée de l'anarchie, la monarchie constitutionnelle ne leur offrira pas un refuge plus assuré que la république.

Dans la monarchie constitutionnelle comme dans la république, le pouvoir dirigeant émane du peuple. Or, si c'est des convoitises du peuple que la bourgeoisie s'alarme, c'est au régime absolu qu'elle demandera la force de résistance qu'elle désespérera de trouver en elle-même. Il en a toujours été ainsi. Pour échapper à la guerre civile, Rome se livre à Auguste sans réserve. De la même façon et pour les mêmes motifs la France s'abandonne à Napoléon Ier, puis à Napoléon III.

Quand on songe que cette dernière abdication a eu lieu après la campagne de Moscou et de Leipzig, après les deux invasions et surtout après les deux équipées de Boulogne et de Strasbourg, on doit dire qu'il est impossible de prévoir entre les mains de quel sauveur se jettera une nation que la terreur des convulsions sociales effare. Ce qu'il nous faut donc examiner, c'est, généralisant la question soulevée par M. Passy, si les sociétés marchent vers le gouvernement libre ou vers le gouvernement despotique.

Il peut sembler étrange de poser une semblable question au XIXe siècle, si fier de ses découvertes scientifiques, de ses applications de la science à l'industrie, du progrès de ses lumières, de ses conquêtes dans le monde physique. Comment! l'homme, qui mesure et pèse les corps célestes, qui s'est asservi l'éclair pour transmettre sa pensée, qui en quelques bonds parcourt la surface du globe, qui dompte tous les éléments pour les faire travailler à la satisfaction de ses besoins, ce roi de la création, éclairé par les intuitions de son génie et appuyé sur l'expérience si laborieusement recueillie et si savamment interprétée des siècles, ne parviendrait pas à trouver une forme de gouvernement qui respectât sa dignité, sa liberté, et il lui faudrait toujours, comme la brute, se courber sous un maître et marcher sous sa verge! Étrange contraste, en effet : là tant de puissance et de clarté, ici tant d'obscurité et de faiblesse!

Il faut bien le dire, cependant, ce n'est pas d'aujourd'hui seulement que des esprits clairvoyants ont cru que la société actuelle aboutirait au despotisme. L'écrivain qui, sans pénétrer au fond des problèmes religieux et économiques, a mieux analysé qu'aucun homme de son temps l'état politique des peuples modernes, Tocqueville, a cru voir s'élever au bout de la route où nous sommes engagés le spectre du despotisme démocratique. « On dirait, écrivait-il, que chaque pas que les nations modernes font vers l'égalité les rapproche du despotisme. Il est plus facile d'établir un gouvernement absolu et despotique chez un peuple où les conditions sont égales que chez tout autre. »

Tocqueville ne s'arrête pas là; il va jusqu'à décrire les caractères du despotisme démocratique en des termes qu'on ne peut oublier, tant ils sont forts et justes. « Je vois, dit-il, une foule innombrable d'hommes semblables et égaux, qui tournent sans repos sur eux-mêmes, pour se procurer de petits et vulgaires plaisirs, dont ils remplissent leur âme. Au-dessus d'eux s'élève un pouvoir immense et tutélaire, qui se charge seul d'assurer leurs jouissances et de veiller sur leur sort. Il est absolu, détaillé, régulier et doux. Il ne brise pas les volontés, mais il les amollit, les plie et les dirige; il force rarement d'agir, mais il s'oppose sans cesse à ce qu'on agisse; il ne détruit pas, il empêche de naître; il ne tyrannise point, il gêne, il comprime, il énerve, il éteint, il hébète et il réduit enfin chaque nation à n'être plus qu'un troupeau d'animaux timides et industrieux, dont le gouvernement est le berger. » Cette peinture, tracée il y a quarante ans, ne la voyions-nous pas naguère encore réalisée sous nos yeux, et ce régime, si l'on n'y prend garde, n'est-il pas celui qui nous attend dans l'avenir?

Ce qui nous empêche de nous alarmer de ce péril, c'est que nous sommes portés à croire que la liberté est inséparable de l'égalité, et que de la démocratie doit sortir ou la république ou tout au moins un gouvernement représentatif.

Nous avons détruit les priviléges de la noblesse, l'indépendance des assemblées provinciales et des communes, les droits des corps de métiers et de toutes les corporations, en un mot nous avons jeté à terre tout ce qui pouvait faire obstacle à la volonté de la nation. C'est ainsi que nous espérions fonder la liberté. Ne se pourrait-il pas que nous n'ayons fait que niveler le terrain où s'élèvera le despotisme ?

Dans toutes les sociétés antiques dont nous connaissons bien l'histoire, la marche des transformations politiques a été la même. On dirait presque l'effet d'une loi historique.

La plèbe lutte contre l'aristocratie pour conquérir l'égalité des droits. Elle l'obtient enfin, renverse toutes les barrières et abolit tous les priviléges. La démocratie s'établit, mais bientôt les bases de l'ordre social sont attaquées, les guerres civiles éclatent. La situation devient intolérable ; on veut y échapper à tout prix. Alors apparaît un maître qui rassure les riches, flatte les pauvres et les corrompt tous en même temps, car un pouvoir qui s'appuie sur les terreurs des uns et les convoitises des autres abaisse le sens moral et dégrade les caractères.

« C'est un fait général, dit M. Fustel de Coulanges, et presque sans exception dans l'histoire de la Grèce et de l'Italie, que les tyrans sortent du parti populaire et ont pour ennemi le parti aristocratique. » Aristote, qui, après avoir étudié toutes les constitutions et toutes les révolutions politiques de la Grèce, en a déterminé les caractères avec une pénétration sans égale, nous dit : « Le moyen d'arriver à la tyrannie, c'est de gagner la confiance de la foule. Le tyran commence toujours par être un démagogue. Ainsi firent Pisistrate à Athènes, Théagène à Mégare, Denys à Syracuse. »

N'avons-nous pas vu ce programme suivi exactement de nos jours ? Napoléon III avait écrit l'*Abolition du paupérisme*, et il s'est toujours proclamé l'empereur des paysans et l'ami des ouvriers. C'est par le suffrage des masses qu'il avait établi son pouvoir et qu'il l'avait fortifié jusqu'au dernier moment. L'histoire confirme ainsi les craintes que l'étude de la condition politique des sociétés modernes inspirait à Tocqueville ; c'est une raison pour veiller au danger et pour chercher le moyen de le conjurer.

CHAPITRE IV

DES CAUSES QUI FAVORISENT L'ÉTABLISSEMENT DU DESPOTISME.

Il ne faut jamais oublier que plusieurs circonstances favorisent aujourd'hui l'établissement de l'absolutisme. Parmi celles-ci, Tocqueville a mis fortement en relief la concentration aux mains du souverain de tous les pouvoirs locaux, administratifs et réglementaires. J'y ajouterai les armées permanentes et les inimitiés de classe à classe.

Celui qui tient en main le pouvoir, roi ou président, sera presque toujours tenté de l'étendre. Il est naturel que tout souverain cherche à faire sa volonté et à écarter ce qui y résiste. L'un y est porté parce qu'il poursuit les plaisirs et les richesses, un autre parce qu'il aime la guerre et la gloire, un troisième parce qu'il voudra agrandir son pays ou faire du bien à ses sujets.

L'obstacle aux volontés du souverain résidait autrefois dans la faiblesse du pouvoir exécutif et dans la force de résistance des grands feudataires, des provinces, des villes, des corporations. En Amérique, il se trouve d'abord dans l'esprit de la nation, ensuite dans l'extrême division des pouvoirs, répartis entre une foule de conseils locaux et d'administrations indépendantes. Dans les pays constitutionnels d'Europe, il n'existe que dans les assemblées délibérantes qui représentent la nation ; mais à côté de ces assemblées se trouve l'armée, dont l'esprit est complétement différent.

Le rôle du parlement consiste dans le contrôle, la critique et l'opposition, celui de l'armée dans l'obéissance.

Une chambre qui obéit et ne discute pas est un corps servile ; elle ne sert à rien qu'à masquer le despotisme. Une armée qui discute et n'obéit pas est un danger public.

Ici règne la parole libre, là le commandement sans réplique.

Les militaires savent que pour eux il n'y a de succès que si toute l'armée, jusque dans ses derniers membres, est mue par les ordres d'un chef unique. Comment pourraient-ils apprécier le mécanisme d'une constitution politique où tout pouvoir doit rencontrer un contre-poids, et où l'esprit de résistance a sa place marquée et nécessaire? Aussi considèrent-ils souvent le parlement comme une source d'anarchie et les représentants comme des bavards malfaisants, tout au moins quand ils discutent le budget de la guerre. Il ne sera pas très-difficile au souverain de tirer parti de cette opposition naturelle pour se débarrasser d'un parlement qui le gêne, et l'on peut dire, je crois, que sur le continent européen le régime représentatif n'existe que par la tolérance de la royauté.

C'est une maxime profondément gravée dans l'esprit des Anglais, qu'une grande armée permanente met la liberté en péril, et ils ont multiplié les précautions pour éloigner ce danger. Il est écrit dans le *bill of rights* qu'aucun corps d'armée ne peut être maintenu sans le consentement du parlement. Le *mutiny bill* n'est jamais voté que pour un an, et, s'il n'était pas renouvelé, l'armée se dissoudrait, car désobéir aux ordres des chefs deviendrait un acte licite.

La constitution des États-Unis dit que le congrès ne peut voter les fonds de l'armée que pour deux ans, et les Américains ont pour principe de réduire le nombre des troupes au plus strict nécessaire.

Le danger a donc été clairement aperçu par les nations qui ont eu l'expérience des institutions libres, et il faudrait être aveugle pour ne pas le voir.

C'est à partir du moment où la royauté a pu entretenir une armée permanente qu'elle est parvenue à rendre son pouvoir absolu. C'est grâce aux légions que l'empire s'est établi à Rome, et, sous l'empire, ce sont les prétoriens qui ont disposé de la couronne. Il est inutile d'insister sur les analogies que présente la situation actuelle.

Que faire cependant? Peut-on espérer que les peuples désarmeront au moment où éclatent les plus formidables crises sociales, et où les ambitions dynastiques, exploitant les attractions et les antipathies des nationalités, menacent l'Europe de nouveaux bouleversements?

Sans doute, si les peuples européens étaient prévoyants et sages, et s'ils étaient maîtres de leur sort, ils régleraient leurs différends sans tirer l'épée, et ils réduiraient leurs armements, qui, par les énormes impôts qu'ils exigent, sont une source de misère et de danger pour la société; mais les peuples malheureusement ne sont encore ni prévoyants ni sages, et ils ne disposent pas de leur destinée. Les grandes armées permanentes sont donc un mal qu'il faut subir, et pour les institutions libres un danger qu'il faut viser à conjurer.

CHAPITRE V

L'ARMÉE DOIT-ELLE VOTER ?

Et d'abord l'armée doit-elle voter?

Il peut sembler inique d'ôter le droit de vote à ceux qui remplissent la glorieuse mission de défendre le pays contre ses ennemis du dehors et du dedans; mais, dans l'organisation politique, chaque fonction a des devoirs particuliers qu'elle doit remplir et des restrictions auxquelles elle doit se soumettre.

Dans un pays libre, tout citoyen doit avoir le droit d'assister aux réunions publiques pour défendre ses opinions et attaquer celles du parti au pouvoir, et cependant il ne convient pas que le juge, qui doit être absolument impartial, se jette dans la mêlée des partis aux prises. Il faut en tout peser les avantages et les inconvénients; or le vote des militaires présente les plus grands dangers.

Une armée que l'esprit de parti envahit et possède, peut ou se diviser en deux corps hostiles qui donneront le signal de la guerre civile, comme à Rome, ou dicter ses volontés et imposer un maître au pays, comme dans les *pronunciamentos* du Mexique.

Celui qui vote doit pouvoir s'éclairer par la discussion publique. Or les discussions politiques détruiraient la discipline, qui est l'âme de l'armée, et le jour où les militaires fréquenteraient les clubs, tout serait perdu.

Quand on accorde le vote, il faut supposer que le scrutin sera libre et sincère. Et pourtant que peut faire le gouvernement, si la majorité des voix de l'armée se prononce contre lui?

L'armée est son point d'appui. Si ce point d'appui se dérobe, si l'armée déclare son hostilité publiquement dans le scrutin, le gouvernement est frappé à mort. Il ne lui reste qu'une ressource, la guerre, et plutôt que de tomber, il la fera. Ainsi donc donner le vote aux soldats, c'est exposer le pays aux risques d'une guerre non prévue, non préparée, non voulue.

Lors du dernier plébiscite, Napoléon III a été vivement alarmé du vote hostile de certains régiments. Ce vote émis dans les casernes, sous l'œil des officiers, était l'indice d'un profond mécontentement, et pour le conjurer il a cru devoir attaquer l'Allemagne.

L'empereur ne devait avoir aucun goût pour la grande guerre : en Italie, il avait dû comprendre qu'il n'y entendait rien. L'appel au peuple venait de retremper son pouvoir. L'opposition avait perdu pied. Il avait pu détendre la compression. Les libertés accordées, loin de l'ébranler, avaient consolidé son trône. Il avait arraché au roi de Prusse une humiliante concession. Rien ne l'obligeait donc à jouer cette dernière carte, réservée pour l'extrémité suprême, la guerre; mais on lui a fait croire, ou il a cru à la défection de l'armée manifestée par ses votes, et, comme nul gouvernement ne pourra jamais vivre avec l'hostilité de ses troupes, constatée au scrutin, en face du pays, l'historien de César a franchi le Rubicon : *alea jacta est.*

Qu'on y prenne garde, l'heure peut toujours venir inopinément où le gouvernement, menacé de l'abandon de ses troupes, croira devoir tenter cette chance redoutable où la destinée des nations est en jeu.

Le régime représentatif et l'armée permanente sont deux institutions dont les principes s'excluent. L'élection qui donne la vie à l'une détruirait l'autre.

On peut même aller plus loin et dire que ces institutions sont incompatibles. Elles ne peuvent subsister longtemps, côte à côte, sur le même sol. L'une finira toujours par tuer l'autre.

Le moyen de diminuer le danger consiste à faire voter les militaires dans les mêmes urnes que les autres citoyens. De cette façon leurs suffrages ne sont pas comptés à part, et leur mécontentement, s'il existe, n'est pas du moins affiché aux yeux de tous.

CHAPITRE VI

COMMENT L'HOSTILITÉ DES CLASSES MET AUJOURD'HUI PLUS QUE JAMAIS LA LIBERTÉ EN PÉRIL.

J'ai dit que l'hostilité des classes peut aussi contribuer à l'établissement du despotisme dans nos sociétés démocratiques. Ce point exige quelques développements. Ici encore l'histoire nous apporte ses enseignements.

Les choses se sont passées dans l'antiquité exactement comme nous les voyons se dérouler sous nos yeux, et ce qui rend cette expérience plus décisive, c'est que, la Grèce étant couverte d'une foule de petits États indépendants avec des lois très-différentes, les mêmes révolutions se sont produites partout, mais point en même temps (1).

Par une série de luttes, les plébéiens ont conquis l'égalité des droits politiques; mais restait l'inégalité des conditions, qui leur parut bientôt insupportable.

Pour faire cesser cette inégalité, effet des lois, ne suffisait-il pas de changer les lois? Disposant du suffrage et nommant les législateurs, c'est ce qu'ils essayèrent de faire. Tantôt on mettait tous les impôts à la charge des riches, tantôt on confisquait leurs biens, en les forçant à l'exil ou en les condamnant à la mort. Ailleurs on décrétait l'abolition de toutes les dettes, ou l'État s'emparait de toutes les propriétés, pour en faire un nouveau partage.

Les riches naturellement se défendaient par tous les moyens. Entre eux et les pauvres, l'hostilité était permanente, violente, et à chaque instant aboutissait à la guerre civile. « Dans toute guerre civile, dit Polybe, il s'agit de déplacer les fortunes. » — « Les cités, dit M. Fustel de Coulanges, flottaient toujours entre deux révolutions, l'une qui dépouillait les riches, l'autre qui les remettait en possession de leur fortune. Cela dura depuis la guerre du Péloponèse jusqu'à la conquête de la Grèce par les Romains. » — Sparte, ayant

(1) M. Fustel de Coulanges a résumé avec une lumineuse concision ce côté de l'histoire ancienne dans son livre *La cité antique*.

armé ses ilotes pour repousser l'ennemi, fut obligée de les combattre, dans une guerre atroce, parce qu'ils voulaient se servir de leurs armes pour se rendre maîtres des propriétés. La lutte contre la commune de Paris vient de nous offrir le même spectacle.

Comme les plébéiens, même victorieux, ne parvenaient pas à établir l'égalité des biens, les luttes recommençaient sans cesse.

Enfin, épuisées par les dissensions sociales, découragées, lassées de tout, les cités grecques se réfugièrent dans la servitude, pour avoir au moins quelque repos.

Les tyrans sortirent partout du parti populaire et s'appuyèrent sur le peuple. Les familles patriciennes seules n'abandonnèrent jamais toute résistance.

Cette marche des choses, partout identique, s'explique ; elle résulte de la nature même de l'homme. Donnez le suffrage à celui qui n'a pas le bien-être, il est inévitable qu'il voudra se servir de l'un pour acquérir l'autre.

Les sociétés modernes ont cet avantage sur les cités anciennes, que le christianisme a répandu des idées de justice et de fraternité inconnues à l'antiquité ; mais d'autre part notre situation économique est bien plus difficile.

Les sociétés antiques pouvaient subsister au milieu des dissensions civiles les plus violentes. Tandis que riches et pauvres se disputaient le pouvoir, le travail n'était pas suspendu, parce qu'il était accompli par les esclaves, qui, quoi qu'il arrivât, continuaient à fournir aux besoins des partis en lutte. Aujourd'hui ces esclaves, c'est-à-dire ceux qui accomplissent le travail manuel, sont devenus des citoyens; ils ont acquis le droit de suffrage, et ce sont leurs exigences qu'il faut satisfaire ou combattre.

Les cités antiques ont supporté les luttes sociales pendant des siècles, avant de demander le repos aux tyrans. La société moderne n'y résisterait pas un an.

Notre état économique diffère aussi complétement de celui du moyen âge.

Le sort de chaque homme était alors fixé et en même temps assuré.

Le cultivateur était attaché à la glèbe et soumis aux corvées; mais il avait toujours une portion du sol à cultiver moyennant une charge fixe, et les biens communaux, partout très-étendus, lui fournissaient un pâturage pour son bétail, du bois pour construire sa demeure et pour chauffer son foyer. Il ne pouvait aspirer à sortir de sa condition ni à s'enrichir; mais il n'avait pas à craindre le dénûment absolu. Par les liens de la commune, il était fortement attaché au sein maternel de la terre, à laquelle il était rivé et dont il ne pouvait être détaché. Ses espérances ici-bas étaient très-bornées, mais ses inquiétudes l'étaient aussi.

La corporation offrait à l'artisan le même genre de sécurité que la commune rurale garantissait au cultivateur. Le salaire était fixé et protégé contre la concurrence par les priviléges des métiers. Pas de crise ni de chômage : le travail avait une clientèle connue et assurée. Entre le maître et l'ouvrier, la distance était à peine sensible; tous deux travaillaient côte à côte dans le même atelier et vivaient de la même manière. Les discussions d'intérêt n'étaient pas rares, mais elles ne pouvaient prendre, comme en Grèce ou comme aujourd'hui, la forme d'une hostilité de classe à classe, maîtres et compagnons étant presque égaux.

La situation des boutiquiers était la même que celle de l'artisan.

Seuls, les marchands qui trafiquaient avec l'étranger avaient plus de place pour se mouvoir, et plus de moyens de changer leur condition, en s'enrichissant.

Tout à fait au-dessus, la noblesse, protégée par ses armes, ses châteaux-forts, ses richesses et les préjugés de caste, vivait comme dans un monde à part, inabordable et armé.

La société se trouvait ainsi complétement enchaînée dans le réseau compliqué de ses coutumes traditionnelles. Elle était immobile, mais stable. C'était un régime de classes subordonnées, semblable à celui qui, en Égypte, a donné à la société une assiette si solide, une durée si longue et produit également de si prodigieux monuments.

Les souffrances des individus étaient parfois extrêmes, parce que la violence des grands n'était point arrêtée par la main tutélaire et toute-puissante de l'État, et parce que le commerce et la science ne savaient pas encore combattre les disettes et les maladies. La société était constamment troublée par la guerre, et périodiquement décimée par la famine et la peste. Mais en temps ordinaire les âmes étaient calmes et, en temps d'épreuve, résignées.

Les hommes n'étaient point tourmentés par le besoin de changer de condition; ils n'en voyaient pas le moyen. Ils ne connaissaient ni l'ambition de parvenir, ni la soif d'accumuler des richesses, car cela était hors de leur portée. Leur sort étant fixé sur la terre, c'est dans l'autre monde que s'étendaient leurs espérances.

Quel contraste avec les démocraties antiques et modernes, où tous, ayant mêmes droits, s'agitent sans cesse pour parvenir à tout et s'emparer de tout !

Ce n'est pas que l'idée d'établir une plus grande égalité dans le partage des richesses n'ait pas surgi au moyen âge : elle s'est fait jour en France, en Angleterre, en Allemagne, surtout dans les campagnes, quand l'excès des souffrances causées par la guerre réduisait les cultivateurs au désespoir; mais, comme ces idées ne sortaient pas de l'organisation même de la société, une fois les jacqueries comprimées, l'ordre habituel se rétablissait, et l'hostilité des pauvres contre les riches ne devenait pas, comme en Grèce, un mal constitutif de la société.

Aujourd'hui toutes ces institutions du moyen âge, qui étaient en même temps des entraves et des refuges, ont disparu pour faire place à une situation démocratique très-semblable à celle de l'antiquité, avec cette différence qu'elle renferme tous les hommes au lieu d'un dixième d'entre eux.

Chacun est libre, mais isolé. Chacun se fait sa destinée, mais il n'a plus ces institutions tutélaires qui l'abritaient et le soutenaient : la commune et la corporation. Chacun peut monter au faîte sans que rien l'arrête, mais aussi tomber dans le dénûment absolu sans que rien l'en tire. L'un, par son travail, son habileté, sa prévoyance ou sa bonne chance, arrive à l'opulence; l'autre, par paresse ou par accident, reste ou retombe dans la misère.

L'inégalité de droits ne sépare plus des classes fermées où on se résignait à demeurer parce qu'on n'en pouvait sortir, mais l'inégalité de richesse n'en subsiste pas moins entre des catégories d'individus qui s'en irritent, parce qu'ils envient tout ce qui s'élève au-dessus d'eux.

La compétition générale est la loi de la société. Les premières places sont aux plus actifs. C'est la lutte pour l'existence transportée de l'ordre zoologique dans l'ordre économique.

Cette compétition est la source de tous les progrès, le grand ressort qui met tout en mouvement, qui enfante toutes nos merveilles industrielles, qui crée toutes nos richesses ; mais elle répand aussi une incessante agitation, une inquiétude permanente, une instabilité universelle. Nul n'est content de son sort et nul n'est assuré du lendemain. Celui qui est riche veut accumuler toujours plus de richesses, celui qui est pauvre tremble de perdre son gagne-pain.

Le mécanisme de la production, des échanges et du crédit est admirable de perfection et de puissance ;

mais plus il est parfait et compliqué, plus il est exposé à se déranger.

L'industrie moderne a établi entre le maître et l'ouvrier une distance immense. Jadis tous deux travaillaient dans le même atelier, et vivaient de la même vie ; aujourd'hui le maître dispose d'un capital énorme, et fait partie des classes supérieures, tandis que les ouvriers sont groupés dans de vastes fabriques, autour de la machine qui fournit la force motrice. Cela produit une séparation et une hostilité inconnues autrefois.

La grande industrie fabrique des quantités énormes de marchandises ; pour les vendre, il lui faut le marché du monde, mais ce marché est soumis à mille fluctuations qui toutes se font sentir au fond des ateliers. Un pays augmente-t-il les droits à l'importation, c'est un débouché perdu. Une invention nouvelle nécessite-t-elle la transformation d'un genre de fabrication ou en amène-t-elle le déplacement, les commandes vont ailleurs, il faut fermer les ateliers, les maîtres souffrent ou sont ruinés, les ouvriers perdent leur emploi ou doivent se soumettre à une réduction des salaires.

Autrefois le salaire était réglé par la coutume ou par le tarif officiel; aujourd'hui il l'est par le rapport qui existe entre les bras et les capitaux cherchant de l'emploi. Les ouvriers soumis à cette loi de l'offre et de la demande se sont dit : Pourquoi ne pas nous coaliser pour fixer le taux de nos salaires et l'imposer à nos maîtres en nous mettant en grève, s'ils refusent d'accepter nos conditions? Ainsi ont-ils fait, et les grèves se sont multipliées, comme on l'a vu, surtout en Angleterre. C'est un état de guerre permanent, avec ses luttes, ses victoires et ses défaites.

Seulement les ouvriers ne parvenaient pas à imposer leurs conditions, parce que les patrons, l'eussent-ils voulu, ne pouvaient pas les subir. La raison en est simple. La facilité des échanges internationaux est si grande aujourd'hui, que le monde entier ne forme plus qu'un seul marché. Le manufacturier ne fabrique pas pour son pays seul, mais pour tous les pays. Il s'ensuit que le prix des marchandises doit être à peu près le même partout. Le fabricant ne pourrait donc augmenter le salaire sans augmenter ses prix, ce qui l'empêcherait de vendre et l'obligerait de fermer son usine.

C'est ainsi que l'unité du marché commercial amène le nivellement des salaires. Il en résulte qu'une grève locale ne peut déterminer une hausse locale des salaires, sans tuer l'industrie dans cette localité et sans, par suite, enlever aux ouvriers le moyen même de subsister. Une expérience cent fois répétée a prouvé cela jusqu'à l'évidence.

Comment donc les ouvriers peuvent-ils arriver au but qu'ils poursuivent? Il n'y a qu'un moyen, ont-ils pensé, c'est de faire entrer dans la coalition les ouvriers du monde entier, et d'employer, comme arme de guerre industrielle, la grève universelle dans le métier où l'on veut que le travail soit plus rétribué. De cette façon une hausse des salaires est possible sans que la concurrence de l'étranger fasse échouer les grèves locales.

C'est ainsi que l'*Association internationale des Travailleurs* est sortie de l'unité du marché commercial. C'est une conséquence naturelle du vaste mouvement cosmopolite qui envahit le monde moderne. Tout devient international. N'avons-nous pas les banques de crédit international, la monnaie internationale, le marché international, le tarif international, les régates internationales, etc.?

Quand cette association se sera établie partout, on aura en présence, dans le monde entier, d'une part tous les chefs d'industrie, d'autre part tous ceux qu'ils emploient et salarient.

Comme l'*Internationale* se donne pour mission l'émancipation définitive des classes laborieuses, elle agit à la façon de la révolution religieuse du XVIe siècle. Elle passe par-dessus les frontières des nations, elle fait oublier les hostilités de race, elle déracine l'amour et jusqu'à l'idée de la patrie. Les compatriotes sont des ennemis, s'ils sont chefs d'industrie; les étrangers sont des frères, s'ils vivent du salaire. Les ouvriers de Londres, de Berlin, de Pesth, ont applaudi aux luttes et excusé les crimes des ouvriers de Paris.

C'est une sorte de religion cosmopolite : elle inspire le prosélytisme, pousse à la propagande et remplit les âmes qu'elle possède d'un fanatisme tantôt mystique et tantôt farouche. La situation économique étant à peu près la même dans les différents pays, elle trouve dans tous les mêmes griefs, les mêmes aspirations, les mêmes éléments inflammables.

Les agitations sociales ne sont pas locales comme les agitations politiques ; elles sont universelles comme les fermentations religieuses, parce qu'elles s'adressent à des besoins généralement sentis et à des convoitises qui dorment partout au fond de l'âme humaine.

La solidarité de tous les marchés monétaires a jeté dans le monde économique une cause nouvelle et très-grave de perturbations. Les crises commerciales, comme les ouragans, nées dans un pays, parcourent successivement tous les autres, semant partout les ruines sur leur passage. Qu'une crise éclate en Angleterre ou aux États-Unis, le monde entier en reçoit le contre-coup ; les commandes diminuent, le travail s'arrête, et ceux qui vivent du travail souffrent.

Autre cause de malaise : le salaire du plus grand nombre des ouvriers est forcément réduit à ce qui est indispensable pour les faire subsister, par la raison qu'ils ne fournissent pour ainsi dire que la force brute de leurs bras, et que cette force peut être empruntée aux animaux domestiques et à la vapeur, moteurs moins coûteux que les muscles humains. Ces ouvriers les moins rétribués et les plus nombreux sont encore les moins mécontents de leur destinée ; ils n'ont pas commencé à regarder au-dessus d'eux.

Ceux qui s'irritent le plus de leur sort et qui veulent à tout prix changer l'ordre actuel, ce sont les ouvriers d'élite, qui ont pris les habitudes et les besoins des classes supérieures, auxquelles ils portent envie; mais ces derniers s'efforcent de communiquer leurs haines aux autres, et ils y sont déjà en partie parvenus.

En résumé, voici le sort que l'industrie moderne a fait aux artisans. Elle les a émancipés de toute entrave, elle les a arrachés à l'étreinte des corps de métier, elle les a groupés en masses compactes dans certains centres et autour des machines, elle a augmenté leur salaire; mais en même temps elle leur a donné des besoins nouveaux et les a exposés sans défense à toutes les fluctuations du monde des affaires, si souvent bouleversé par les transformations industrielles et par les crises commerciales.

Dans les campagnes, un changement semblable s'est produit. Là aussi on trouve plus d'activité, plus de goût pour toutes les améliorations, plus d'efforts pour s'élever et s'enrichir que jadis, mais aussi plus d'incertitudes, plus de tourments, plus de causes de dissensions et de luttes.

Autrefois la pleine propriété de la terre était rarement acquise par celui qui la cultivait. Chacun avait à mettre en valeur une part qui restait la même. Maintenant le paysan peut acheter la terre. Il le fait avec passion, et cette passion produit des miracles d'économie et de labeur; mais aussi elle le remplit d'agitations et de désirs. Il connaît aujourd'hui le ver rongeur de la dette et de l'hypothèque, en même temps que le stimulant de l'ambition. Jadis les prestations du locataire en travail ou en nature étaient fixées et ré lé par la coutume; aujourd'hui elles le sont par la loi de l'offre et de la demande, à laquelle le métayage même n'échappe plus. La hausse des fermages est pour le fermier une cause de tourments périodiques, une source d'inimitiés et de défiances entre lui et le propriétaire. C'est quand les ouvriers des campagnes auront appris à envier le sort des riches et à maudire le leur, que la société actuelle se trouvera en péril.

Partout donc où l'on jette les yeux sur nos sociétés démocratiques, on retrouve cette hostilité des classes qui a déchiré jadis la Grèce, et que les coutumes traditionnelles du moyen âge avaient assoupie.

Une idée nouvelle a été proclamée; inscrite dans la plupart des constitutions, elle s'est emparée de tous les esprits : c'est que les hommes sont égaux. L'Évangile a introduit dans le monde cette audacieuse nouveauté, que les philosophes, même les plus utopistes de l'antiquité, n'avaient pas aperçue.

Ce principe, il est vrai, n'était qu'un idéal qui ne devait se réaliser qu'après un grand bouleversement cosmique, sur « une nouvelle terre et sous de nouveaux cieux » ; mais, le millenium attendu n'étant pas arrivé, la réforme, les constitutions des États-Unis et la révolution française en ont fait un idéal terrestre, dont nécessairement les démocrates modernes voudront poursuivre l'application.

C'est en vain qu'on tentera de la limiter à l'égalité des droits politiques. De l'égalité de droit, ils voudront passer à l'égalité de fait.

Jusqu'à présent, l'idée de l'égalité ne s'est pas implantée avec assez de force pour devenir une conviction vivante, ardente, décidée à tout pour atteindre son but, sauf dans quelques grandes villes et dans certaines catégories spéciales d'ouvriers; mais, répétée sans cesse dans les *meetings*, passant de bouche en bouche comme un mot d'ordre et circulant ouvertement ou en silence dans l'Europe entière, elle sera embrassée comme un dogme par toutes les classes qui ont intérêt à la croire vraie, et qui en attendent une amélioration de leur sort.

La France a été deux fois déjà profondément troublée par l'explosion violente de ces principes, et cette explosion a eu lieu chez elle plutôt qu'ailleurs, parce que le Français se laisse entraîner plus que les autres peuples par la logique abstraite, parce qu'il donne aux idées plus de retentissement, plus d'expansion communicative, et qu'il veut en poursuivre la réalisation immédiate; mais ce n'est pas pour la France que le danger est le plus sérieux.

L'égalité des conditions y est très-grande, et plus de la moitié de la population jouit d'une part de la propriété foncière ou mobilière. Une liquidation sociale, comme on dit aujourd'hui, une confiscation de la propriété, comme on en décrétait dans les républiques antiques, n'est pas à craindre, parce que ceux qui ont intérêt à défendre l'ordre sont plus nombreux que ceux qui ont intérêt à l'attaquer. L'égalité de fait, déjà en grande partie réalisée, préservera donc la France des tentatives d'un bouleversement entrepris au nom du principe de l'égalité de droit.

Mais, en Angleterre, où la propriété est concentrée aux mains d'un petit nombre de familles, où les ouvriers de la campagne sont exclus de la possession du sol qu'ils cultivent, où les masses innombrables des ouvriers de l'industrie ont déclaré la guerre à leurs maîtres, où enfin l'inégalité éclate à tous les yeux, le danger est plus grand. Le travailleur rural n'est pas encore remué par les aspirations égalitaires, les ouvriers de la ville n'ont pas l'habitude des armes ni la tradition révolutionnaire, et la bourgeoisie, fortifiée par la lutte des partis et par le *self-government*, saura se défendre mieux qu'ailleurs. Mais ces conditions favorables ne durent pas. Supposez que, dans quelques années, quand les idées de réorganisation sociale auront envahi toute la classe laborieuse, une grande guerre éclate, arrêtant le commerce et fermant les ateliers : les conséquences pourraient en être épouvantables, car la révolution sociale ne se limiterait pas dans la capitale, ainsi qu'en France; elle se répandrait comme un incendie dans les villes manufacturières et dans les campagnes, et elle aurait un but à poursuivre, qui serait de mettre la propriété aux mains de tous.

En France, une grande faute des gouvernements, que les Anglais n'ont pas commise, a été de concentrer la vie dans la capitale aux dépens des provinces; c'est pourquoi les révolutions sociales éclatent périodiquement à Paris. Dans les grandes villes, l'extrême indigence et l'extrême richesse se touchent, se coudoient et se rencontrent parfois sous le même toit.

On a attiré à Paris un nombre immense d'ouvriers arrachés aux bonnes influences du lieu natal. Souvent sans lien de famille, sans foyer, sans culte, sans appui, leur vie est difficile, leur emploi précaire, leur ignorance grande, leur moralité très-ébranlée; puis, les oisifs, dans leur sphère dorée, donnent le spectacle scandaleux de leurs vices, de leurs prodigalités, d'une existence que condamnent et la morale chrétienne et la science économique. Comment ce contraste ne provoquerait-il pas un esprit de haine et de révolte?

Le gouvernement a enlevé aux campagnes des millions employés à créer des boulevards, des jardins, des palais, des salles de théâtre, et à rassembler ainsi, comme à plaisir, les éléments et les prétextes d'un bouleversement social.

Dans les campagnes, la vie est saine pour le corps, saine pour l'âme; elle est simple et active. La différence des conditions est adoucie par les relations personnelles. Le riche donne aux pauvres de bons exemples, de bons conseils, tout au moins de bonnes paroles. L'opposition des classes n'est pas absente, mais elle n'est pas exaspérée jusqu'à la fureur, jusqu'à la rage destructive. C'est aux champs que se produit la principale richesse, les subsistances, dont dépend en définitive le bien-être du pays. Et cependant les gouvernements, sans voir les dangers qui menacent l'ordre social, ont vidé les provinces d'hommes et d'argent pour attirer dans la capitale les ouvriers par des travaux improductifs, les gens aisés par la concentration des pouvoirs politiques et par l'attrait de tous les plaisirs : politique insensée à laquelle il faut mettre un terme, en donnant aux provinces et aux communes l'indépendance administrative et la disposition des ressources qu'elles créent, et qu'aujourd'hui les grandes villes consomment.

Si la démocratie se maintient en Suisse, c'est parce qu'elle est une démocratie rurale sans grandes villes.

CHAPITRE VII

COMMENT LE DESPOTISME PEUT DONNER A LA SOCIÉTÉ LE REPOS, NON LE SALUT.

J'ai essayé de montrer que la crise sociale qui a livré les démocraties antiques aux mains du despotisme reparaît dans nos démocraties modernes, avec certains traits particuliers qui la rendent encore plus redoutable : d'abord l'égalité de tous reconnue par les lois, par les constitutions et par la religion, en second lieu les armées permanentes, enfin, l'organisation de l'industrie, du commerce et du crédit. Je ne crois pas pourtant que ceux qui veulent bouleverser l'ordre actuel puissent l'emporter.

Les révolutions entreprises au nom de droits politiques ont triomphé : les révolutions entreprises au nom d'intérêts matériels ont toujours échoué. Les jacqueries, même quand elles ont eu lieu contre d'iniques privilèges, ont été étouffées dans le sang.

C'est que ceux qui se lèvent, poussés par des souffrances physiques ou par des convoitises, n'ont pas et ne peuvent pas avoir le degré d'intelligence nécessaire pour arriver au succès. Au contraire ceux qui invoquent un droit sont mus par des idées abstraites; ils peuvent par conséquent avoir cette trempe de caractère et cette force d'esprit qui donne la victoire et permet d'en organiser les résultats.

Néanmoins, quoique ceux qui veulent renverser l'ordre social soient destinés à être toujours vaincus, leurs tentatives seules et leurs menaces jetteraient probablement dans les classes aisées assez d'inquiétude pour les pousser dans les bras d'un maître. Il faut donc chercher le remède à une situation aussi grave.

On invoque de toutes parts une compression impitoyable, et l'on parle d'une sainte alliance des États européens, d'une sorte de croisade dirigée contre les idées communistes. Est-on bien sûr de l'efficacité de ce moyen? En Angleterre, au contraire, on vient d'accorder de nouveaux droits aux associations de métiers, et on a eu raison. La compression n'aboutirait à rien, et elle créerait peut-êre un double danger.

Elle n'aboutirait à rien, parce que les idées qu'on veut étouffer passent de bouche en bouche, d'atelier en atelier, de pays en pays, sans qu'on en puisse suivre la trace. Au moyen âge, à certains moments, elles se sont répandues dans toute l'Europe occidentale, malgré l'extrême difficulté des communications. Aujourd'hui ce n'est point par les *meetings* ou les journaux que l'*Association internationale* a réuni ses nombreux adeptes. En proscrivant cette association, on la transformerait en une société secrète dont le mystère augmenterait l'attrait et l'influence.

Quant aux dangers que créerait la compression, les voici.

Ce serait une déclaration de guerre aux ouvriers, qu'on traiterait en ennemis, en édictant contre eux des lois exceptionnelles. Sans doute, il faut réprimer toute conspiration qui a pour but l'emploi de la violence; mais peut-on interdire aux travailleurs de s'entendre pour régler le taux de leur salaire ou pour fonder des associations de secours mutuels ou des sociétés de consommation et de production?

Le second danger serait qu'en empêchant toute manifestation des idées qu'on redoute, on n'endormît la vigilance de ceux qui doivent les combattre, en inspirant une fausse sécurité. Un mal existe-t-il dans la société, il vaut mieux qu'il se révèle dans toute son intensité; car c'est de cette façon seulement qu'on fait ce qu'il faut pour y obvier.

Les Français et les Anglais ont suivi à cet égard deux méthodes différentes. Les premiers ont toujours comprimé la manifestation des idées anarchiques, afin d'en prévenir la contagion; les seconds leur ont laissé toute latitude, d'abord par respect pour la liberté, ensuite pour éveiller l'attention de ceux qui étaient menacés. Jusqu'à présent, la méthode anglaise de traiter ce genre de mal a mieux réussi que la méthode française.

Ceux qui ont peur ne seront pas très-éloignés non plus d'abdiquer tout droit aux mains de l'Église ou de l'État : mauvais calcul, également dicté par l'imprévoyance.

Sans doute, il ne faut rien négliger pour répandre dans toutes les classes le sentiment religieux, et pour faire qu'il soit moral, raisonnable, surtout qu'il règle tous les actes de la vie; mais donner le pouvoir au clergé serait le sûr moyen d'ébranler ce sentiment, déjà très-affaibli.

Aux États-Unis, le clergé n'a aucun privilége, aucun budget : il est respecté. Sous l'ancien régime et sous la Restauration, l'Église était une puissance : la religion était en butte aux attaques incessantes des amis de la liberté.

C'est inutilement d'ailleurs qu'on demanderait au clergé d'étouffer les idées égalitaires, il n'y parviendrait pas. C'est la Bible à la main que les paysans ont réclamé au XVIe siècle l'égalité des biens. Les couvents donnent l'exemple du communisme. Enfin, entre le prêtre, qui promettra à l'ouvrier le bonheur dans l'autre monde et le démagogue qui le lui garantira dans celui-ci, le choix ne saurait être douteux. Ce n'est donc pas la théocratie qui sauvera la société actuelle.

Ce n'est pas davantage le despotisme. Le despotisme ne peut nous donner le repos, car ce n'est pas un gouvernement stable. Quoiqu'il se proclame héréditaire, en fait il est presque toujours viager.

Dans l'empire romain, la transmission héréditaire

du pouvoir est une exception. On a défini le régime en vigueur en Russie l'absolutisme tempéré par le régicide. Le dernier empire, en France, avait proclamé à la fois l'hérédité de la couronne et la responsabilité du souverain. Mais ces deux principes s'excluent. Si celui qui exerce le pouvoir exécutif gouverne par lui-même et se rend ainsi responsable des actes du gouvernement, il faut qu'il soit soumis à l'élection comme un président de république, ou qu'il puisse être renvoyé par une manifestation légale de la représentation du pays, comme un ministre constitutionnel, sinon on aura des révolutions périodiques. Un souverain a-t-il commis des fautes graves et subi des revers, dont on peut lui demander compte parce qu'il en est l'auteur, ou bien il sera renversé du trône par le pays poussé à bout, ou bien son fils héritera de son impopularité avec la couronne, et la dynastie ne prendra point racine. Le despotisme n'offre donc plus de nos jours aucune chance de stabilité. Il n'en a guère, même dans les États asiatiques, où les révolutions de palais interrompent constamment la transmission du pouvoir.

C'est quand le souverain est le maître absolu de la vie de ses sujets, qu'il perd toute sécurité pour la sienne.

La Bruyère a dit, et Montesquieu a répété, « qu'il ne faut ni art ni science pour exercer la tyrannie. » Cela est tout au plus vrai dans des pays peuplés de foules inertes, faites pour l'esclavage. Mais cela est complétement faux dans des pays où fermente le besoin de la liberté, et qui ont à leur côté d'autres nations libres. Alors, pour maintenir le despotisme, il faut une habileté extrême et un bonheur non interrompu.

En dissimulant l'exercice du pouvoir absolu, en assurant aux riches des plaisirs, aux classes laborieuses de bons salaires et de gros profits, en n'ayant que des succès dans ses entreprises, le régime despotique peut se maintenir, même au sein d'une nation très-policée; mais si, harcelé par l'opposition et obligé de détourner l'attention vers le dehors, il tente des aventures qui échouent, il est perdu.

Dans les pays où le despotisme est accepté et justifié par l'état arriéré des populations, il ne dégrade pas; c'est un régime naturel, conforme aux besoins de la société. Au contraire, quand il s'établit chez une nation éclairée, il corrompt les âmes, d'abord parce que ce régime est contraire alors à la nature, ensuite parce que ce n'est que dans l'affaiblissement général des caractères et dans l'écrasement complet des âmes fières qu'il peut trouver quelque chance de durer.

Ainsi donc, dans notre monde occidental, ou bien le despotisme sera un gouvernement instable, appuyé sur l'armée et soumis à des révolutions périodiques, ou, s'il parvient à durer, c'est qu'il aura réussi à anéantir toute indépendance et à avilir complétement les âmes. Ce n'est point, je l'espère, à un semblable régime que les sociétés modernes demanderont l'ordre et le repos.

Nous voilà ramenés vers les gouvernements libres, — monarchie constitutionnelle ou république. — Il nous reste à examiner les avantages et les inconvénients que présente chacune de ces formes de gouvernement, et à voir dans quelles conditions elles peuvent s'établir et durer.

CHAPITRE VIII

POUR FONDER LA LIBERTÉ IL FAUT FAIRE CE QUI EST INDISPENSABLE POUR QU'ELLE PUISSE DURER.

Rappelons d'abord ce que nous avons essayé d'établir dans les chapitres précédents.

Les sociétés modernes deviennent de plus en plus démocratiques. Toute distinction de classe tend à disparaître. Les hommes partout arrivent à être très-semblables : ils s'habillent de même, lisent les mêmes écrits, se créent les mêmes besoins, nourrissent les mêmes désirs, les mêmes espérances. Partout aussi on donne à tous les citoyens les mêmes droits politiques.

Néanmoins l'inégalité des conditions, qui a perdu les démocraties antiques, continue à subsister, et il s'y joint certains caractères nouveaux qui la rendent plus difficile à supporter.

Ainsi c'est au moment où la plupart des hommes sont mécontents de la condition que la société leur fait, qu'on accorde à tous le droit de modifier, par leur vote, les lois sur lesquelles la société repose. Situation nouvelle dont nous ne pouvons encore entrevoir les conséquences. Qu'en sortira-t-il ?

Les uns, croyant, avec M. de Parieu, que l'égalité et la liberté sont inséparables, répondent avec assurance : des institutions libres et la république.

D'autres, et malheureusement ce sont les plus clairvoyants, comme Tocqueville, Quinet, Passy, Renan, craignent que nous n'aboutissions au despotisme démocratique. « L'avenir de l'Europe, dit M. Quinet, sera-t-il donc de produire d'immenses démocraties serviles, qui graviteront incessamment vers l'arbitraire d'où elles sortent et où elles rentrent ? »

Mais le despotisme ne pouvant s'établir d'une façon stable, — et quelle stabilité ! — que par l'avilissement des caractères et par la perte de tout sentiment d'indépendance, c'est-à-dire par la dégradation de notre espèce, si nous voulons échapper à ce désolant avenir, il faut chercher à quelles conditions on peut maintenir des institutions libres et ne reculer devant rien pour réaliser ces conditions.

Et d'abord un peuple peut-il adopter et surtout conserver les institutions qu'il juge les meilleures ?

L'école historique le nie. D'après elle, les institutions politiques sont le résultat nécessaire des instincts, des traditions, de toute l'histoire d'un peuple, et c'est en vain qu'il tenterait de se soustraire à cette fatalité. S'il la méconnaît et s'il veut se donner des institutions que son tempérament ne comporte pas, il ne fera qu'accumuler des ruines. Cette opinion a longtemps dominé en Allemagne et en Angleterre.

En France une manière de penser tout opposée a toujours régné. Les systèmes politiques s'y sont formés par l'étude de l'antiquité. Or, on voit dans presque toutes les cités antiques des instituteurs de peuple changer complétement les lois, interrompre brusquement la tradition et donner à l'État une organisation nouvelle. C'est le souvenir de ces exemples qui poussait la Virginie à demander une constitution toute faite à Locke, la Corse et la Pologne à en demander une à Rousseau.

Ces brusques changements de l'organisation politique et même sociale étaient possibles dans l'antiquité, parce qu'ils ne s'appliquaient qu'au petit groupe des hommes libres, et que par l'esclavage les difficultés économiques, les plus graves de toutes, étaient écartées; mais c'est une profonde et dangereuse erreur de croire que dans nos sociétés modernes, où toute question politique se complique d'une question économique, on puisse procéder comme dans les sociétés antiques. Cette erreur revient à chaque page dans *l'Esprit des lois*. Partagée même par un esprit aussi sensé que Montesquieu, répandue par Rousseau, par les écrivains du XVIIIe siècle et par les orateurs de la révolution française, elle a pénétré profondément dans les esprits en France, et elle a conduit aux lamentables échecs que l'on sait.

On croyait et on croit encore que pour faire des lois il ne faut interroger que la raison, sans tenir compte de la tradition. Turgot a parfaitement exprimé cette idée quand il dit : « Les droits des hommes réunis en société ne sont point fondés sur leur histoire, mais sur leur nature. »

On était convaincu qu'il suffisait de découvrir la meilleure organisation politique et de la proclamer. Jamais on ne se demandait si les conditions qu'exige cette organisation idéale existaient. Rencontrait-elle des obstacles, on s'en prenait aux hommes, aux aristocrates, on criait à la trahison et on égorgeait les traîtres. Ces violences provoquaient une réaction qui emportait les conquêtes récentes de la liberté.

Déjà dans la Grèce antique certains législateurs étaient meilleurs politiques. C'est avec un admirable bon sens que Solon disait : « J'ai donné aux Athéniens, non les meilleures lois qu'on puisse concevoir, mais les meilleures qu'ils puissent supporter. »

Il ne suffit pas de proclamer une loi parce qu'on la juge bonne ; il faut qu'elle soit comprise et qu'elle ne soulève pas une résistance qui en détruise les avantages.

Ainsi, après les guerres civiles de Marius et de Sylla, Rome était mûre pour le despotisme : les conditions qui peuvent faire subsister la liberté avaient cessé d'exister. Brutus tue César ; mais il désespère de la liberté. Cicéron approuve la mort du tyran ; mais il voit qu'on ne peut échapper à la tyrannie. *Interfecto rege, liberi non sumus.*

C'est en vain que dans l'Orient vous tenteriez d'établir le régime représentatif. Le degré d'indépendance que ce régime réclame fait défaut (1). Le contrôle,

(1) Quand le vice-roi d'Égypte eut établi une chambre des notables, il y a peu d'années, on expliqua, paraît-il, à ceux qui en faisaient partie le mécanisme parlementaire. On leur dit que les

l'opposition aux volontés du souverain étant impossibles, le pouvoir ne peut être qu'absolu.

Une nation n'est donc pas libre d'adopter la forme de gouvernement la plus conforme à la raison, comme on le croyait au XVIIIe siècle. Il faut tenir compte des mœurs, des idées, des lumières, des intérêts, c'est-à-dire de la situation créée par l'histoire.

C'est en interrogeant la raison qu'on découvre ce qui est le meilleur. C'est en tenant compte de la tradition qu'on voit ce qui est possible.

Toutefois aucun peuple n'est absolument lié par son passé. La volonté est une force qui peut accomplir des merveilles, quand elle est persévérante et qu'elle profite des lumières de l'expérience.

Vouloir la liberté, même avec passion, et la proclamer comme un dogme ne suffit pas, il est vrai ; mais si on accepte les devoirs, si on se soumet aux charges, si on réalise en un mot toutes les conditions qu'elle réclame, on parviendra à la fonder. Ainsi réconcilier l'opinion publique avec une certaine forme de gouvernement, c'est déjà supprimer l'un des principaux obstacles qui s'opposent à son établissement.

« Quand la plupart des gens instruits, dit Stuart Mill, peuvent être amenés à reconnaître un arrangement social ou une institution politique comme salutaire, et une autre comme mauvaise, l'une comme désirable, l'autre comme condamnable, on a fait beau-

partisans du gouvernement prenaient place à droite, et les membres de l'opposition, à gauche. Tous aussitôt se précipitèrent à l'extrême droite, et nul ne voulut occuper les bancs de la gauche.

coup pour donner à l'une et retirer à l'autre cette prépondérance de force sociale qui la fait vivre. »

En somme, le législateur ne parviendra pas à établir la constitution qu'il juge la meilleure, si les conditions qui peuvent la rendre viable n'existent pas; mais ces conditions, il n'est pas impossible de les faire naître.

Il est donc plus nécessaire de déterminer quelles sont ces conditions que d'apprécier le mérite relatif des différentes formes de gouvernement.

Cependant, comme les peuples de nos jours sont fréquemment obligés à faire un choix entre ces diverses formes, il faut bien étudier les avantages ou les inconvénients que chacune d'elles présente. Nous verrons ensuite ce qu'il faut pour les faire durer (1).

CHAPITRE IX

LA RÉPUBLIQUE NE PEUT ÊTRE UNE FORME DE GOUVERNEMENT SIMPLE.

Le despotisme, comme la mort, se subit; on ne le choisit pas. Nous n'avons donc à nous occuper que des gouvernements libres, qui sont la monarchie représentative et la république.

(1) I. *Die Lehre von der vollziehenden Gewalt*, von Lorenz Stein. — II. *République ou Monarchie?* par Dupont White. — III. *Allgemeines Staatsrecht*, von Bluntschli. — IV. *La Démocratie*, par Vacherot.

Les meilleurs auteurs récents qui ont écrit sur la politique ne se sont pas arrêtés à examiner la valeur relative de ces deux formes de gouvernement, tant ils y voyaient de ressemblance. Comme on l'a dit, la monarchie constitutionnelle n'est qu'une république avec un président héréditaire. Cependant cette seule différence n'est pas sans avoir certaines conséquences que nous essayerons de démêler.

Cette question a été peu élucidée, parce qu'elle a été traitée ordinairement avec plus de passion que de réflexion, et plus de parti-pris que de véritable esprit scientifique.

La science politique est la moins avancée de toutes. Cela vient de ce qu'en cette matière il est très-difficile de tirer des conséquences de l'observation des faits, les faits politiques pouvant être le résultat de plusieurs causes différentes, race, climat, religion ou situation géographique. En outre, il est presque impossible que l'observateur politique se trouve dans cet état d'impartialité absolue, j'allais presque dire d'indifférence supérieure, qu'exige l'étude scientifique. Les convictions, les espérances, les préjugés nationaux, les habitudes, le régime dominant, l'intérêt, ne peuvent manquer d'exercer une certaine influence. Très-souvent même l'écrivain n'a pris la plume que pour défendre le régime qu'il croit le meilleur et pour discréditer celui qu'il juge mauvais. Monarchiste, il ne verra que les vices de la république; républicain, que ceux de la monarchie. C'est son droit et même son devoir, quand il s'agit, non de discuter une question de théorie politique, mais de déterminer une résolution d'où peut dépendre l'avenir du pays. Seulement, de ce genre d'écrits, la science ne retire pas beaucoup de lumières. Une grande obscurité règne donc encore dans la plupart des recherches concernant les formes de gouvernement. Il s'ensuit que beaucoup d'idées fausses jouissent d'un crédit presque incontesté.

Ainsi l'un des avantages qu'on attribue à la république est d'être une forme de gouvernement extrêmement simple. « Toute société homogène veut un gouvernement simple, » dit M. Vacherot dans son livre *la Démocratie*, et ce gouvernement, c'est la république avec une chambre unique. M. Vacherot ne fait qu'exprimer l'opinion de la plupart des républicains français, et elle est également partagée par ceux qui ne veulent pas de la république.

Une assemblée souveraine, émanation du suffrage universel direct, armée d'une puissance irrésistible et commandant à une hiérarchie de fonctionnaires disciplinés et répandus sur tout le pays, afin que les décisions de la majorité puissent être mises à exécution promptement, complétement, sans rencontrer de résistance, voilà bien le régime républicain dont la révolution a légué l'idée à la France. Or cette idée est en contradiction avec tous les faits observés jusqu'à ce jour.

Le régime de toutes les républiques qui ont eu quelque durée a présenté les plus extrêmes complications.

On pourrait même formuler ce principe, que, plus

un régime politique est simple, plus il se rapproche de l'absolutisme; au contraire, plus il donne de garanties à la liberté, plus il est compliqué.

Rien n'est aussi simple que le despotisme oriental, rien n'est plus compliqué que les institutions des États-Unis. On a écrit de très-bons livres pour en exposer le mécanisme; qui cependant peut se vanter de les connaître dans tous leurs détails? C'est qu'en effet il ne suffit pas d'avoir étudié la constitution de l'Union, ni même celles des trente-trois États qui la composent. Il faudrait dans chacun de ces États pénétrer au sein des comtés, des communes, suivre la marche de ces corps de fonctionnaires indépendants les uns des autres, tous élus d'après des règles particulières pour veiller aux travaux publics, à l'enseignement, à la milice, à la justice, aux prisons, aux finances; il faudrait saisir les procédés administratifs, complétement différents des nôtres, de ces milliers de corps politiques, tous animés d'une vie propre et qu'aucun lien hiérarchique n'enchaîne les uns aux autres. Pour ne citer qu'un exemple, plusieurs pages suffiraient à peine pour donner une idée de la façon dont sont organisées la surveillance et la direction de l'enseignement primaire dans la ville de New-York. Partout on trouve le même système de contrôle et de contre-poids. La division des pouvoirs est poussée à un point qu'on ne peut se figurer. Nulle part, à aucun degré, la volonté d'un homme, fût-il même revêtu de l'autorité suprême, ne peut mettre en mouvement une série de corps ou de fonctionnaires administratifs.

La république des Provinces-Unies, qui, après avoir conquis la liberté pour elle et pour les sociétés modernes, a joué le rôle d'une puissance de premier ordre, malgré la petitesse de son territoire, avait une organisation politique tout aussi compliquée que celle des États-Unis. Quoique je l'aie étudiée avec la plus grande attention, je n'oserais pas dire que je la connaisse. Quand on voit combien les pouvoirs étaient disséminés et à quel point toute uniformité, toute unité même, faisaient défaut dans le gouvernement, on s'étonne que cet état ait pu résister aux attaques des plus puissants royaumes du continent, l'Espagne, la France et l'Angleterre, et devenir le centre des grandes coalitions européennes.

Quoi de moins simple que les constitutions de la république romaine ou de celle de Venise!

Et l'organisation politique de la Suisse actuelle, qui peut se vanter de la connaître, avec ses vingt-deux cantons ayant chacun ses traditions, ses coutumes locales, sa législation particulière et sa constitution toujours en voie de transformation? Rien que le système scolaire du canton de Zurich mériterait une étude sérieuse, tant on est parvenu, par d'ingénieuses combinaisons, à y donner à chaque influence la place qui lui revient.

Ainsi donc, nulle part la république n'a eu cette forme simple que ses partisans ont toujours voulu lui imposer en France. Si, obéissant à une logique superficielle et à une manie de simplification irréfléchie, on tente de nouveau de la fonder sous cette forme, on ne parviendra pas à la faire durer, parce qu'elle ne sera qu'un despotisme hypocrite et insupportable.

CHAPITRE X

LA RÉPUBLIQUE AFFAIBLIT MOINS LE POUVOIR EXÉCUTIF QUE LA MONARCHIE CONSTITUTIONNELLE.

Un autre caractère que l'on attribue généralement à la république, c'est de réduire le pouvoir exécutif presqu'à l'impuissance. C'est un des motifs pour lesquels le parti radical s'attache avec passion à cette forme de gouvernement; mais en cela encore il se trompe.

Un chef de république, quelque nom qu'on lui donne, de quelque façon qu'il soit élu, aura plus de pouvoir qu'un roi héréditaire dans une monarchie vraiment constitutionnelle. La raison en est simple.

Le chef de la république n'arrive à ce poste élevé que par sa valeur personnelle. Il se sera distingué par son éloquence, par ses connaissances administratives, par son génie militaire. Pour s'élever, il aura fait usage de sa volonté, et il est habitué à la faire prévaloir. Il a des idées politiques arrêtées, connues. C'est même en raison de ces idées qu'il aura été choisi. Arrivé au pouvoir, il se servira de ses talents, de son autorité personnelle pour faire triompher ces idées. Il ne craindra pas d'engager la lutte contre l'assemblée législative ou il la pliera à sa volonté par d'autres moyens. Au lieu de n'avoir que le prestige presque évanoui de la couronne, il disposera de la force vive du parti qui l'a porté au fauteuil. S'il est armé du *veto*, il en fera usage. Presque tous les présidents des États-Unis l'ont fait, et l'avant-dernier, Johnson, jusque sous le coup d'une accusation de haute trahison.

On aura beau faire élire le dépositaire du pouvoir exécutif par l'assemblée nationale et le déclarer toujours révocable, il n'en restera pas moins vrai qu'un mérite exceptionnel l'aura porté à la présidence et que, disposant en outre de l'autorité énorme du pouvoir suprême, il exercera une influence prépondérante.

Tant vaut l'homme, tant vaut le pouvoir dont il dispose. Nous en avons un exemple concluant sous les yeux. Voyez M. Thiers : il est impossible de rendre le chef de l'État plus dépendant de la volonté d'une assemblée qu'il ne l'est en ce moment. Un vote, une marque de défiance, moins que cela, le moindre symptôme de refroidissement suffit pour le renverser. Et pourtant jamais roi constitutionnel n'a joui d'une autorité qui approchât de la sienne. Il n'est pas le dépositaire presque inerte du pouvoir exécutif, il a aussi le pouvoir législatif dans ses mains. En réalité il est tout-puissant, bien plus même que ne l'est le tsar.

Considérez maintenant, à côté de la personnalité active, vigoureuse, entreprenante du chef élu, le rôle effacé du souverain héréditaire dans une monarchie constitutionnelle. Son éducation, très-soignée peut-être, sera en général très-molle, parce qu'il sera constamment entouré de prévenances, de soins et d'adulations. Il n'a pas à se conquérir une place dans la vie : cette place est toute faite et c'est la plus haute. L'apprentissage de ses fonctions de roi consistera, non à faire usage de sa volonté, mais à en faire le sacrifice; non à montrer ses préférences, mais à les dissimuler; non à produire ses idées et à en poursuivre la mise en pratique, mais à ne pas même les laisser deviner. Les souverains constitutionnels modèles, comme le roi Léopold Ier ou la reine Victoria, n'ont jamais fait voir vers quel parti ils penchaient. Comme ils ne peuvent retremper leur popularité dans l'élection, ils ont besoin de la conserver par les plus grands ménagements.

On ne voit plus jamais se produire en Angleterre ces conflits entre le pouvoir exécutif et le pouvoir législatif, si fréquents en Amérique. Il y a plus : on ne les croit même pas possibles. La raison en est, comme le dit M. Bagehot, que nul n'admet plus que la couronne puisse tenir le Parlement en échec; celui-ci est désormais le maître suprême et incontesté.

En 89 la France a fait une révolution pour ne pas accorder le *veto* au roi. Le *veto* remplissait d'épouvante tous les amis de la liberté : — craintes sans fondement. Les constitutions contemporaines accordent le *veto* au souverain; mais c'est une arme d'apparat ; il ne peut plus en faire usage.

Ainsi donc, adversaires du despotisme, voulez-vous que le pouvoir exécutif soit inerte et faible, remettez-le aux mains d'un monarque constitutionnel.

Entre celles d'un chef élu, il aura une tout autre énergie, parce que celui-ci, fût-il nommé pour peu de temps ou même révocable, jouit, pendant qu'il tient le pouvoir, de toute l'autorité que lui donnent une volonté ferme, l'habitude de la lutte et les passions du parti qu'il représente; et cette autorité il l'emploiera, tandis que le roi ne se servira même pas de toute celle qu'il tient de la constitution ou du prestige de la couronne.

En un mot, dans nos sociétés actuelles, le pouvoir exécutif sera débile, s'il est héréditaire; fort, s'il est électif.

CHAPITRE XI

LE POUVOIR EXÉCUTIF SERA ORDINAIREMENT EN DES MAINS PLUS HABILES DANS LA MONARCHIE CONSTITUTIONNELLE QUE DANS UNE RÉPUBLIQUE.

Toutes choses égales d'ailleurs (1), les grandes affaires seront mieux conduites dans une monarchie constitutionnelle, que dans une république avec un président directement élu par le peuple, comme aux États-Unis. En voici les raisons.

(1) Cette formule devrait précéder toute affirmation en politique et en économie politique, car sans cette réserve il n'est point de proposition qui soit rigoureusement exacte. Ainsi, je crois que les États-

Dans la monarchie constitutionnelle, celui qui conduit les affaires ce n'est pas le souverain, c'est le chef du cabinet. Or, ce premier ministre est ordinairement un homme éminent. Il émane d'une élection à deux degrés. Il est le plus capable d'une majorité de représentants qui sont eux-mêmes choisis par la majorité des électeurs. Le chef du cabinet sort, pour ainsi dire, d'une double sublimation de capacité politique. Il a dû conquérir sa place à force de talent, de prévoyance, d'esprit de conduite et d'éloquence. Il ne la garde que s'il réussit. Un échec sérieux le précipite du pouvoir. Il est donc obligé d'être à la fois sage dans ses conceptions et heureux dans ses entreprises.

Les rois absolus mettent parfois la direction de l'État entre les mains de ministres supérieurs à ceux du régime parlementaire, parce que ces ministres ne sont pas tenus à être orateurs, et qu'on peut être un très-grand homme d'État sans avoir le don de la parole ; mais aussi le choix du souverain absolu est souvent dicté par les considérations les plus mesquines ou les moins avouables, et alors il tombe sur des hommes dont l'incapacité perd les empires.

Dans le régime constitutionnel, le choix du premier ministre peut ne pas s'élever si haut ; mais jamais il

Unis ont déployé plus de sagesse dans leur conduite que l'Angleterre. Ils ont montré plus de respect pour le droit, plus d'horreur pour la guerre, plus de modération dans leurs relations extérieures, beaucoup plus de lumières dans leur administration intérieure ; mais cela vient de ce que les fondateurs de l'Union lui avaient donné des sentiments de moralité, de religion, d'égalité, de saine démocratie, que l'Angleterre ne possédait pas au même degré.

ne tombe si bas, parce qu'il est toujours la conséquence d'une aptitude active, dominante et reconnue par le pays.

Dans une république, le président est élu parfois à cause des services qu'il a rendus ou de la gloire qu'il a acquise, mais parfois aussi parce qu'il a le mérite négatif de ne froisser vivement aucune opinion et de ne porter ombrage à personne : très-souvent, en Amérique, c'est cette qualité qui a déterminé le choix du candidat à la présidence. Aussi peut-on dire, je crois, que les premiers ministres en Angleterre ont été en général supérieurs aux présidents des États-Unis, en exceptant, bien entendu, les fondateurs de l'Union.

Le président est nommé pour agir : il est responsable. Il ne suffit pas qu'il règne, il faut qu'il gouverne; mais il n'a pas le congrès dans la main; il a même peu de moyens d'agir sur lui, car ses chefs de service ne peuvent se présenter dans les chambres. Ses capacités gouvernementales seront donc souvent paralysées, d'autres fois elles provoqueront des conflits; en tout cas, elles ne s'appliqueront que difficilement au gouvernement de l'État.

C'est un inconvénient grave, et il n'a point passé inaperçu; mais il a fallu le subir pour échapper au danger des usurpations de pouvoir et des coups d'État. Entre deux maux la sagesse consiste à toujours choisir le moindre. Il n'en est pas moins vrai que dans le même pays l'homme le plus capable de le bien gouverner arrivera plus probablement à la direction des affaires comme chef du cabinet que comme président; et dans cette première qualité il pourra mieux faire usage de son habileté gouvernementale que dans la seconde.

Dans la monarchie, on peut tirer tout le profit possible de ses capacités, et il n'y a rien à en redouter, car il ne peut songer à une usurpation, le roi le tenant toujours en respect.

Comme président, plus il serait doué de talents extraordinaires, plus il nourrirait de longs et vastes desseins, plus même, en un certain sens, il voudrait la grandeur de sa patrie, que seul il croirait pouvoir assurer, et plus il serait tenté d'employer la force dont il dispose pour s'éterniser au pouvoir.

Ainsi donc, dans la monarchie constitutionnelle, la sagesse commande de porter aux affaires l'homme d'État le plus capable, le plus actif, le plus doué de volonté. Dans une république, la prudence conseille de l'éloigner, car mieux vaut un président médiocre qu'un homme de génie usurpateur. L'ostracisme y est souvent une regrettable nécessité.

CHAPITRE XII

QUAND LE POUVOIR SUPRÊME EST ÉLECTIF, LA SUITE DANS LES DESSEINS FAIT SOUVENT DÉFAUT.

Un autre désavantage d'un président élu par le peuple pour un terme fixé, c'est l'instabilité des idées, le manque d'esprit de suite. Au bout d'un temps fort court l'administration change, un nouvel esprit préside à la direction de l'État.

Cet inconvénient est si grand qu'aux États-Unis on tend de plus en plus à réélire le président sortant, afin d'éviter ce brusque changement.

Dans ce pays, où l'indépendance des institutions locales et le caractère de la nation rendent une usurpation impossible, ce remède est sans danger et il atténue le mal.

En Europe, il conduirait presque inévitablement au consulat à vie, et de là, à la souveraineté héréditaire.

Le chef du cabinet, au contraire, continue à gouverner tant qu'il conserve l'appui du Parlement et la confiance du pays; nul terme n'est fixé à la durée de ses fonctions. S'il est habile, prévoyant, souple et énergique tour à tour, sa carrière peut se prolonger aussi longtemps que celle d'un ministre dans un régime absolu. Soit au pouvoir, soit dans l'opposition, il continuera à guider son pays jusqu'à la fin de ses jours, comme l'ont fait la plupart des grands ministres anglais. Le chef du cabinet exerce ainsi une sorte de royauté révocable, responsable, mais durable néanmoins, à qui ne manquent ni l'esprit de suite, ni les grands desseins poursuivis avec prévoyance et constance.

De ce qui précède, on peut conclure, je crois, qu'un même peuple aura plus de chances d'être bien gouverné avec un premier ministre parlementaire qu'avec un président élu directement par le peuple.

Le moyen d'assurer sous ce rapport à la république les avantages que présente la monarchie, c'est de la faire aussi gouverner simplement par un chef de cabinet. Reste à savoir si le peuple est assez éclairé pour se contenter d'une administration semblable à celle d'une société anonyme.

Une république ainsi organisée serait un gouvernement de raison; or, presque partout en Europe le peuple est encore bien peu raisonnable. Il s'attache à un nom. Ce n'est pas de lui-même, mais d'un grand homme qu'il attend son salut. Dans un moment de crise surtout il lui faut un guide à suivre, un sauveur à élever sur le pavois et à déifier. Il veut que le pouvoir s'incarne dans un chef visible.

Les partisans de la république comptent pour la soutenir sur l'appui du peuple. Ils ne considèrent qu'un petit groupe d'hommes, groupe d'élite puisqu'il pense comme eux. Ils oublient le vrai peuple qui a toujours aimé les faux dieux et les tyrans, qui jadis est resté païen parce qu'il ne pouvait s'habituer aux temples sans autels, sans sacrifices, sans pompe et sans divinités du christianisme primitif, et qui n'y est entré que quand on lui a rendu des cérémonies, des pontifes et des idoles sous forme de saints; le peuple qui à Naples, en Espagne, en France, en Hollande, comme jadis à Rome et en Grèce, a toujours soutenu le pouvoir absolu.

C'est dans l'aristocratie que la république a trouvé partout ses plus fermes et ses derniers défenseurs.

La république en effet, comme le culte des iconoclastes, est un régime spiritualiste. Il faut que la vie de l'esprit soit développée pour le comprendre et le pratiquer.

CHAPITRE XIII

LA RÉPUBLIQUE EST MOINS FAVORABLE A LA LIBERTÉ QUE LA MONARCHIE CONSTITUTIONNELLE.

On croit aussi généralement que la république est plus favorable à la liberté que la monarchie constitutionnelle. Pour peu qu'on y réfléchisse, on verra qu'il n'en est rien.

Dans nos sociétés modernes, la liberté politique consiste surtout dans le respect des minorités. Or, quand toutes les fonctions sont électives, la minorité risque bien plus d'être opprimée que quand elles ne le sont pas.

Dans le premier cas, la majorité qui triomphe occupe toutes les places. Le chef de l'État monte au fauteuil en vainqueur. Il y arrive par l'appui d'un parti dont il doit exécuter le programme et satisfaire les ambitions. La minorité se trouve partout dans la situation d'un vaincu, et les dépositaires du pouvoir deviennent pour elle des ennemis. Il ne lui reste pas un abri, pas un rempart.

Aux États-Unis, après l'élection d'un nouveau président, tous les fonctionnaires qu'il a le droit de nommer sont remplacés par ses adhérents. Une politique nouvelle demande, dit-on, des agents nouveaux. Pour qu'un peuple supporte un semblable régime, il faut que ses mœurs, ses institutions, ses traditions lui aient donné une trempe particulière. Il ne faut pas songer à l'introduire en Europe.

Dans une monarchie constitutionnelle, la majorité triomphante ne peut occuper toutes les places, ni traiter le pays en territoire conquis. Le souverain a un intérêt évident à l'empêcher d'abuser du pouvoir et à protéger la minorité, qui, battue aujourd'hui, peut triompher demain.

Représentant lui-même les intérêts permanents du pays, ou tout au moins dévoué à sa propre conservation, il voudra que les fonctionnaires survivent aux défaites alternatives des partis, et il n'accordera pas de destitutions en masse. Il s'opposera tant qu'il le pourra à ce que le parti victorieux use de sa force pour faire des lois de majorité qui écraseraient définitivement le parti vaincu, parce que ce serait jeter celui-ci dans une opposition désespérée et bientôt anarchique, qui menacerait de ruine les institutions établies. « Toute mesure, disait en 1857 le roi Léopold Ier, qui aurait pour effet de fixer la suprématie d'un parti sur un autre, constituerait un grand danger. » Sage et profonde maxime d'un souverain qui mieux que nul autre aurait pu écrire la théorie du régime constitutionnel, qu'il avait si bien pratiqué (1).

Les partis se modifient et disparaissent, mais tant qu'un parti est encore plein de vie, fût-il même minorité, c'est une grave imprudence de lui ôter les moyens de reprendre l'ascendant par des voies légales. Or, une telle façon d'agir rencontrera plus d'obstacle dans la monarchie que dans la république. C'est ici que le *veto* royal serait d'une grande utilité, s'il pouvait encore en être fait usage. Cette prérogative de la couronne, que l'on combattait autrefois comme l'arme de la tyrannie, deviendrait en réalité le dernier refuge de la minorité et le bouclier de la liberté.

CHAPITRE XIV

D'UNE OBJECTION QU'ON PEUT ADRESSER A LA ROYAUTÉ ABSOLUE, NON A LA MONARCHIE CONSTITUTIONNELLE.

J'ai essayé de montrer ce qu'avaient de peu fondé certaines opinions qui ont cours au sujet de la république. Il en est d'autres au sujet de la monarchie qui sont également erronées.

Ainsi l'on dit : la capacité de bien gouverner ne se transmet pas plus aux premiers-nés que toutes les autres aptitudes ; il est donc absurde d'établir une

(1) Voy. : *Un roi constitutionnel, Léopold Ier, roi des Belges*, dans mon volume : *Études et essais*. — Hachette.

royauté héréditaire. Voici comment de Tracy exprime cette idée dans ses commentaires sur Montesquieu. « Tel qui se croirait en démence, s'il déclarait héréditaires les fonctions de son cocher ou de son cuisinier, ou s'il s'avisait de substituer à perpétuité la confiance qu'il a dans son médecin, en s'obligeant, lui et les siens, de n'employer jamais en ces qualités que ceux que lui désignerait l'ordre de primogéniture, encore qu'ils fussent enfants ou décrépits, fous ou imbéciles, maniaques ou déshonorés, trouve cependant tout simple d'obéir à un souverain choisi de cette manière. Il est si vraisemblable que les enfants de celui qui est revêtu d'un grand pouvoir seront mal élevés et deviendront les pires de leur espèce; il est si improbable que si l'un d'eux échappe à cette maligne influence, il soit précisément l'aîné; et quand cela serait, son enfance, son inexpérience, ses passions, ses maladies, sa vieillesse, remplissent un si grand espace dans sa vie, pendant lequel il est dangereux de lui être soumis; tout cela forme un si prodigieux ensemble de chances défavorables, que l'on a peine à concevoir que l'idée de courir tous ces risques ait pu naître, qu'elle ait été si généralement adoptée et qu'elle n'ait pas toujours été complétement désastreuse. » On ne peut mieux dire; seulement l'objection n'atteint point la royauté constitutionnelle, que certaines nations conservent librement; elle ne s'élève que contre le despotisme que les hommes subissent, mais ne choisissent pas.

Pour que la monarchie constitutionnelle soit un

bon gouvernement, il ne faut pas que les qualités d'un bon souverain se transmettent suivant l'ordre de la naissance. Le roi règne, il est vrai ; mais il ne gouverne pas. S'il est sensé et habile, il rend au pays de très-grands services ; mais fût-il méchant ou fou, il ne peut faire assez de mal pour perdre l'État.

Le pouvoir réel étant aux mains du chef de cabinet, les vertus et les talents du roi ne seront pas inutiles, mais ses vices, ses folies même ne peuvent atteindre directement les citoyens protégés par les lois. La démence de George III a certainement fait commettre des fautes à l'Angleterre; elle ne l'a pas empêchée de déployer une grande énergie au dehors et de poursuivre à l'intérieur l'affermissement de ses libertés. Les mauvaises chances de l'hérédité royale ne sont à redouter que quand le monarque dispose à son gré du sort de ses sujets et de la destinée de son pays.

On a expliqué le règne remarquablement heureux des femmes qui ont porté la couronne, en disant que sous les reines ce sont des hommes qui gouvernent, et sous les rois, des femmes.

Le mot est piquant, mais il n'est pas juste ; car le genre de mérite qui désigne un favori au choix de sa souveraine n'est certes pas l'art de bien gouverner.

Le succès du règne des femmes vient plutôt de ce que sous elles, comme aujourd'hui en Angleterre, le pouvoir suprême a été réellement exercé par les ministres.

Lord Russell a dit un jour au parlement que les Anglais devaient plus de reconnaissance à la reine

Victoria qu'à tous leurs autres souverains, parce que c'était sous son règne que la nation avait définitivement pris l'habitude de se gouverner elle-même.

On le voit, l'objection de Tracy contre l'hérédité de la couronne n'atteint que la monarchie absolue, non la monarchie constitutionnelle, comme elle existe en Angleterre.

CHAPITRE XV

LA RÉPUBLIQUE PEUT, MIEUX QUE LA ROYAUTÉ, RÉPRIMER LES INSURRECTIONS.

Voyons maintenant les avantages réels que présente la république. M. Caro a développé, dans un article récent de la *Revue des deux mondes*, cette considération que la république peut seule supporter le suffrage universel et la liberté absolue de la presse, dont il faut bien désormais s'accommoder.

Je ne crois pas, comme M. Caro, que la monarchie constitutionnelle n'y puisse pas résister, si le monarque se renferme strictement dans son rôle, car les paysans voteront généralement pour l'ordre établi, et la presse n'aura à attaquer que le chef de cabinet, qui seul agit; mais il est vrai cependant que le mécanisme de la monarchie constitutionnelle est extrêmement délicat à manier. De la part de la nation elle demande de la modération, du discernement, un jugement sain; de la part du souverain, au moins dans les commencements, beaucoup de tact, d'abnégation, de déférence pour les vœux du pays et le renoncement à toute politique personnelle. Elle exige un roi très-intelligent et disposé à faire usage de son intelligence, non pour diriger la machine, aux applaudissements du public, mais pour en graisser modestement les rouages, sans qu'on s'en aperçoive. L'échec de Louis-Philippe, qui avait tant d'expérience, tant de dévouement au pays, et l'esprit si fin, si prévoyant, montre bien la difficulté de la tâche. Or, dans la monarchie, si le roi échoue, il est renversé par la violence, et tout est en péril.

Dans la république, le peuple ne réélit pas le président incapable, ou la chambre lui retire le pouvoir, et on fait ainsi l'économie d'une révolution.

Il demeure vrai tout au moins que la république supportera mieux que tout autre régime une presse entièrement libre et le suffrage universel, — à condition toutefois que le pays soit républicain.

On craint tant aujourd'hui les bouleversements sociaux, que l'on considèrerait volontiers comme la meilleure forme de gouvernement celle qui est la plus propre à combattre ce danger. Les nations épouvantées sont portées à croire que le despotisme a ce mérite, et elles se livrent à un maître. Leur erreur est grande.

Le despotisme, d'abord accueilli avec transport, ne tarde pas à soulever contre lui l'esprit de liberté, qu'on n'est pas encore parvenu à étouffer complétement dans notre Occident. La lutte s'engage; les amis de la liberté, pour attaquer le pouvoir, cherchent partout des alliés, et ils en trouvent précisément dans ces mécontentements sourds et redoutables que provoque l'ordre social actuel. Ils accroissent ainsi démesurément la force d'un mouvement qu'ils auraient combattu, s'ils n'avaient songé avant tout à renverser la tyrannie.

Au contraire, avec la république, il semble qu'il n'y ait plus de conquêtes à faire sur le terrain politique. L'attention peut donc se porter continuellement sur la défense de l'ordre social.

D'ailleurs, comme le remarque fort bien M. Caro, la république, qui est la nation elle-même, peut déployer une vigueur de répression interdite à la monarchie, car celle-ci doit mesurer ses coups avec une extrême modération : on ne lui pardonne pas le sang versé pour sa défense. C'est au nom de quelques émeutiers tués en février 1848 que l'on a renversé la monarchie de juillet.

La république de 1848 et celle de 1871 ont chacune vaincu des insurrections d'une puissance sans exemple, au prix de combats acharnés et d'exécutions inexorables, dont aucun souverain n'aurait osé prendre la responsabilité.

On attribue à Louis-Philippe ce mot profond, à propos des journées de juin 1848 : « Il n'y a qu'un gouvernement anonyme qui puisse exécuter impunément de telles répressions. » Louis-Philippe a quitté le pouvoir plutôt que de le défendre à coups de canon.

La république ne peut abdiquer ainsi. Toute faiblesse, toute commisération de ce genre lui sont interdites; après elle en effet il ne resterait que le chaos.

Les conservateurs sont donc singulièrement ingrats quand ils refusent de la reconnaissance à la république. Ils lui en doivent beaucoup, car elle a défendu l'ordre avec une vigueur qu'on n'aurait pu attendre d'aucun autre gouvernement. Dans nos temps troublés, où de nouvelles convulsions sociales sont à prévoir dans l'avenir, la force de résistance, dont la république dispose, devrait la recommander aux sympathies de tous ceux qui auraient le plus à perdre, si une insurrection socialiste venait à triompher.

Les socialistes, au contraire, ne pourraient que gagner à l'établissement du despotisme. Sous son empire, ils feraient des progrès, et au jour de sa chute ils deviendraient probablement les maîtres; mais les apparences troublent tellement la vue des hommes, qu'aucun des deux partis ne voit où est son intérêt.

CHAPITRE XVI

LA RÉPUBLIQUE EST FAVORABLE A L'ÉGALITÉ.

Autre avantage de la république : elle favorise la simplicité des mœurs et les progrès de l'égalité.

Les déclamations contre la corruption des cours et sur le brouet spartiate n'ont plus de sens aujourd'hui. Cependant il reste vrai que la royauté, donnant le ton à la haute société, pousse au déploiement du luxe. On pense même en général que cela fait partie de sa mission, et c'est à cet effet qu'on lui accorde une grosse liste civile.

L'ignorance en économie politique est si grande et l'oubli des principes chrétiens si complet, qu'on prélève, au moyen de l'impôt, des millions sur le travail, afin que le personnage le plus en vue donne, avec l'autorité inséparable du trône, l'exemple de la prodigalité. C'est, dit-on niaisement, pour faire aller le commerce.

Les dépenses de luxe ne sont autre chose qu'une destruction rapide et improductive de la richesse. Le salaire ne peut s'élever cependant que par l'accroissement du capital. De sorte que du même coup on arrête l'amélioration du sort des ouvriers, et on leur donne le spectacle d'une excessive et irritante inégalité.

Depuis l'antiquité, tous les moralistes païens et chrétiens ont répété que le luxe corrompt les mœurs. Nous avions récemment encore sous nos yeux la preuve de cette vérité. Le faste de la cour impériale, surexcitant dans toutes les classes le goût de la dépense, a fait pénétrer dans les familles le désordre, la gêne et souvent le déshonneur.

La plupart des souverains de l'Europe sont plus raisonnables que leurs sujets; ils ne donnent pas le mauvais exemple qu'on attend d'eux et pour lequel on les rétribue. La reine Victoria vit dans la retraite; Victor-Emmanuel se plaît surtout à chasser le bouquetin, à pied comme un hardi montagnard. En Portugal, le roi adore la musique; et le roi don Fernand plante des eucalyptus, grand service qu'on appréciera plus tard. Le roi de Prusse se plaît à vivre comme un soldat.

Les rois modernes vivent donc assez simplement; ils sont même portés à faire des économies. On leur en fait un reproche; c'est insensé. Il faudrait, au contraire, leur savoir le plus grand gré de ce qu'ils ne poussent point leurs peuples aux dépenses improductives, et pour leur en ôter la tentation, il serait même sage de diminuer leur traitement.

L'esprit d'économie est un des bons côtés de la république; jamais on ne pourra reprocher au gouvernement anonyme de la Suisse de contribuer à répandre le luxe et à dépraver les mœurs.

C'est précisément parce que la France est entraînée, par tradition ou par tempérament, à pécher de ce côté, qu'il faut inaugurer le règne de la frugalité au sommet des pouvoirs. Par une aveugle contradiction, ce sont les représentants des intérêts ruraux qui voudraient rétablir une cour fastueuse, eux qui devraient s'attacher à toutes les institutions qui favorisent la simplicité des mœurs et repousser celles qui mènent à la dissipation.

Dans une époque démocratique, il ne faut pas que le pouvoir suprême soit comme le symbole éclatant de l'inégalité des conditions. C'est par les services rendus qu'il doit se faire respecter.

La pompe royale, qui jadis éblouissait les peuples

et ainsi fortifiait le pouvoir, ne fait plus aujourd'hui qu'irriter les masses et provoquer les passions anarchiques.

Les valets aux livrées éclatantes, les équipages somptueux, le faste d'une cour, tout cet appareil qu'il faut payer avec les deniers du pauvre, n'est plus à sa place dans nos sociétés laborieuses. Ce qui convient plutôt, c'est le train de vie du chrétien et le vêtement noir du quaker.

CHAPITRE XVII

LA RÉPUBLIQUE EST FAVORABLE A LA PAIX SURTOUT EN FRANCE.

Un chef de république sera moins porté à chercher querelle aux autres nations qu'un roi qui est un chef d'armée.

Les souverains européens portent toujours l'habit militaire; ils ne paraissent en public que revêtus d'un costume de général, même quand ils ne sont point capables de conduire une armée. Le vêtement civil paraît indigne d'eux. Jamais le roi de Prusse et l'empereur d'Autriche ne se montrent qu'en uniforme.

Les rois s'occupent surtout de perfectionner les choses militaires et les engins de combat, fusils, canons et mitrailleuses, comme si l'art de détruire les hommes était le seul qui méritât leur attention. Ils sont en cela les continuateurs des rois anciens, qui étaient avant tout des guerriers; mais, dans nos sociétés fondées sur la paix, le travail et l'échange, ces rois guerriers forment un terrible contre-sens. Disposant de millions d'hommes, aspirant à s'illustrer ou à consolider leur trône par des victoires, jaloux les uns des autres, ils menacent constamment le repos du monde.

Le désarmement dans les conditions actuelles est une chimère; mais si tous les peuples de l'Europe disposaient de leurs destinées, comme ils n'ont aucun intérêt à se nuire, à s'enlever des provinces ou à ruiner leur commerce, ils ne tarderaient pas à imiter la Suisse et les États-Unis : ils renverraient les soldats à la charrue.

Je n'oserais dire que la république est une garantie assurée de la paix; mais généralement adoptée, et organisée comme aux États-Unis, elle diminuerait certainement les chances de guerre.

La république aurait pour la France en ce moment l'avantage de lui permettre une plus grande liberté d'action dans sa politique extérieure. La monarchie pourrait difficilement, sans compromettre sa popularité, comprimer les impatiences belliqueuses que le désir de la revanche ne manquera pas d'éveiller, tandis que la république sera toujours libre d'attendre son heure; car elle n'a pas d'intérêt dynastique à sauvegarder au prix d'une guerre intempestive. Étant le peuple constitué, elle n'a pas à faire de popularité.

Étranger et citoyen d'un pays neutre et pacifique de par le droit européen, il ne m'appartient pas d'exprimer une opinion sur les revendications que la France peut tenter un jour; mais ce que l'on doit dire, c'est que ceux qui en ce moment allument dans les cœurs la soif de la revanche font le plus grand mal à leur pays, car ils rendent presque impossible la tâche du gouvernement qui aura à reconstituer, par un travail sérieux et nécessairement très-lent, les forces nationales, et ils le poussent à recommencer de nouveau la politique insensée de 1870.

Pour reconquérir la suprématie militaire, il ne suffit pas, comme les esprits superficiels le supposent, de perfectionner des mitrailleuses, de substituer le canon d'acier au canon de bronze ou l'obus percutant à l'obus à mèche. Il ne suffit même pas de décréter le service obligatoire pour tous ou d'étudier les mouvements tournants. C'est la discipline, le ressort moral, l'instruction dans tous les rangs, les secrets de la haute science militaire qu'il s'agit d'introduire partout, et c'est là une œuvre qui demande de la réflexion et du temps. Or si, pendant que le gouvernement y consacre tous ses soins, le public s'impatiente de ces lenteurs, si l'opposition, flattant les ardeurs de vengeance du public, s'en fait une arme pour renverser le pouvoir, est-il un souverain qui puisse résister à des attaques de ce genre?

On a reproché à Louis-Philippe, sous le nom de paix à tout prix, la politique sensée qu'il faisait suivre à la France et qu'elle n'aurait jamais dû abandonner, et l'opposition radicale, aveuglément ou méchamment belliqueuse, a miné le trône en réveillant ces instincts guerriers et ce besoin d'agir au dehors que l'empire avait inoculé à la nation. Or, si l'on a pu faire une arme de démolition de l'affaire Pritchard et du droit de visite, quand il s'agissait d'une querelle avec l'Angleterre, quel cri de guerre irrésistible l'opposition antidynastique ne pourrait-elle pas élever contre un roi qui, restant sourd aux appels d'une province arrachée à la France, semblerait oublier le devoir de relever l'honneur national?

On a presque renversé le trône en invoquant le nom de la Pologne; comment arrêter une révolution qui prendrait pour mot d'ordre l'Alsace et la Lorraine?

La république seule est assez forte pour imposer la patience et pour résister à une opposition semblable à celle qui a mis en péril l'établissement de juillet depuis le jour de sa fondation jusqu'à celui de sa chute.

CHAPITRE XVIII

LA MONARCHIE CONSTITUTIONNELLE EST LA PLUS DÉLICATE DES FORMES DE GOUVERNEMENT.

La monarchie constitutionnelle, quand elle est pratiquée comme elle l'a été en Angleterre, sous la reine Victoria, et en Belgique, sous le roi Léopold Ier et sous son successeur, donne au pays le gouvernement de lui-même et garantit la liberté mieux que toute autre forme de gouvernement; mais ce régime excellent exige de la part du souverain ou une indifférence complète ou un tact supérieur.

Si le roi est indifférent et ne s'occupe que de ses plaisirs, c'est le premier ministre qui gouverne et tout marche comme dans une république; mais si le souverain s'intéresse aux affaires et veut y intervenir, s'il a des visées, des plans, une politique qu'il veut imposer, alors il lui faut une habileté tout à fait exceptionnelle pour réussir comme Léopold Ier et ne pas tomber comme Louis-Philippe.

Le rôle d'un roi constitutionnel n'est point du tout cette sinécure grassement rétribuée, mais humiliante, que Napoléon refusait, on sait en quels termes, des mains de Sieyès.

M. Bagehot, dans son livre sur la constitution anglaise, analyse avec une merveilleuse finesse tous les services que l'on peut attendre de cette haute fonction; mais il en fait voir aussi toutes les difficultés, bien plus grandes encore sur le continent qu'en Angleterre.

Si le souverain a une politique personnelle, il s'efforcera de la faire prévaloir. Il n'osera peut-être pas se mettre en lutte ouverte avec la représentation nationale, mais, usant des énormes moyens d'influence dont le pouvoir exécutif dispose, il fera tout pour que cette représentation soit composée au gré de ses désirs et pour qu'elle y cède. Il tentera d'étendre son pouvoir, et une lutte sourde, mais pleine de périls, s'établira entre le monarque et la partie la plus ardente du pays. Comme il pourra se débarrasser des chambres, grâce à l'armée, le régime parlementaire n'existera que par tolérance : toujours il sera à la merci d'un coup d'État.

En Angleterre, ce régime a de si profondes racines, la liberté est si bien défendue, la légalité si respectée, que l'armée ne marcherait pas contre le parlement.

Sur le continent, la situation est en tout point l'inverse de celle-là, et elle l'est en France plus que partout ailleurs.

Un écrivain qui a approfondi tous les problèmes de la science politique, en des livres qui resteront, signale ainsi ce danger dans une brochure récente (1) : « Un petit prince allemand, échappé du Hanovre, s'il passe roi en Angleterre, dit M. Dupont-White, y deviendra à la longue un simple spectateur du gouvernement, un compteur des partis, bref un roi constitutionnel : cette fortune est échue à nos voisins ; mais demandez donc cela en France au prince qui restaure une dynastie, quand il porte un nom lié à toutes les grandeurs de notre histoire, quand il peut, outre les tombeaux de Saint-Denis, nommer quarante de ses aïeux tombés à la bataille, enfin quand avec tout cela il vient d'être adopté et acclamé par la nation. Comment cette dynastie renaissante abdiquerait-elle la force du peuple dont elle procède, et la force, le sacrement de ses traditions ? Comment n'aurait-elle pas le sentiment très-vif de ces origines,

(1) *République ou Monarchie*, par Dupont-White-Guillaumin, 1871.

avec abus prochain et imminent? Être un tel élu et un tel prince, c'est trop de la moitié pour l'avenir de la liberté française ! »

La monarchie constitutionnelle est peut-être le meilleur des gouvernements; mais dans certains pays elle offre de telles tentations aux envahissements du pouvoir personnel et de si nombreuses occasions de conflit entre le souverain et le peuple, que c'en est aussi le plus fragile : elle aboutit presque inévitablement à un coup d'État ou à une révolution. Si Louis-Philippe, l'un des meilleurs rois et des plus éclairés qui aient jamais régné, n'a pu réussir à acclimater en France cette forme de gouvernement, qui peut espérer être plus habile ou plus heureux que lui?

CHAPITRE XIX

LA RÉPUBLIQUE PEUT ÊTRE EN FRANCE LA FORME DE GOUVERNEMENT QUI DIVISE LE MOINS.

Autre avantage encore de la république, c'est qu'elle peut devenir un gouvernement accepté par tous.

Que les conservateurs s'y rallient, elle aura pour elle l'unanimité, chose difficile, mais possible, et déjà à moitié faite.

Toute monarchie aura au contraire contre elle les républicains, et l'on ne pourra jamais faire que les républicains ne soient pas en France un parti puissant et redoutable,—agissant tandis que les conservateurs dorment, et suppléant au nombre qui lui manque par l'audace de ses entreprises et la persévérance de sa propagande.

Bien des motifs font qu'il y aura toujours beaucoup de républicains en France.

D'abord on élève la jeunesse dans l'admiration des républiques de Rome et d'Athènes et de la Révolution française.

En outre, la royauté rappelle l'ancien régime, avec tous ses abus, détestés jusqu'au fond des campagnes. Ailleurs, en Prusse par exemple, la royauté a parfaitement administré le pays : elle a créé des écoles, des universités, ouvert des routes, fondé des haras, drainé des marais, perfectionné l'agriculture; elle a formé la nation, puis elle l'a civilisée.

En France, quoi qu'en dise le comte de Chambord, la royauté a ruiné le trésor, dépeuplé les campagnes, corrompu les mœurs, sacrifié les intérêts ruraux aux splendeurs empestées de la cour, détruit les libertés provinciales et communales, tué la vie locale, brisé toute initiative individuelle et toute indépendanee de caractère, en un mot, préparé le pays au despotisme sanglant de la terreur, au despotisme militaire de l'empire et à tous ses malheurs subséquents, parce qu'elle l'a rendu impropre à se gouverner lui-même.

La monarchie s'est écroulée si souvent depuis la fin du siècle dernier, qu'elle a perdu tout prestige. Ce qui est plus grave, nul ne croit plus à sa durée. Elle ne semble donc plus offrir, même aux yeux de ses partisans, cette garantie de stabilité qui est son principal mérite.

Enfin on pense généralement que les progrès de la démocratie doivent amener partout la république ; et la prospérité inouïe de l'Union américaine fait espérer que l'Europe aurait le même sort si elle adoptait les mêmes institutions.

Il se trouve ainsi que la monarchie en France a des partisans tièdes, divisés, découragés, et des adversaires ardents, convaincus et entreprenants. Comment pourrait-elle subsister longtemps dans de telles conditions ?

Il est une vérité que les faits récents démontrent et qu'il ne faudrait jamais perdre de vue, c'est qu'une nation déchirée par de profondes dissensions politiques ne peut lutter avec succès contre un État de force égale où les mêmes divisions n'existent pas.

D'abord cette nation ne dispose jamais de toutes ses ressources, car le gouvernement doit en employer une partie à comprimer ses adversaires.

En second lieu, elle ne peut perdre une bataille sans risquer une révolution en face de l'ennemi, ce qui, jetant partout le trouble, désorganise nécessairement la défense.

Napoléon III vaincu ne pouvait rentrer à Paris : c'était la fin de la dynastie. De là cette expédition de Sedan, si étonnamment inepte qu'en Europe on ne pouvait y croire.

Supposons au contraire une victoire de la France en avant du Rhin. Dans les premiers huit jours, la

Prusse s'y attendait, car il lui fallait quinze jours pour mobiliser son armée. Y aurait-il eu une révolution en Allemagne ? Loin de là, la nation entière se serait serrée autour de son chef. Ce n'est pas à Berlin, c'est à Kœnigsberg qu'il aurait fallu conquérir la paix, et le roi aurait pu la signer sans perdre la couronne.

Entre deux souverains, dont l'un ne peut subir un revers sans compromettre sa dynastie, et dont l'autre peut compter sur l'appui de ses sujets dans le plus extrême malheur, les chances ne sont pas égales.

A génie militaire de même force, le second fera mieux la guerre que le premier. Voyez Frédéric II pendant la guerre de Sept ans. Vers la fin, il perd bataille sur bataille, son royaume est envahi, sa capitale prise ; néanmoins il fait une paix honorable et garde la Silésie : il n'avait rien à craindre des factions. En 1813, Napoléon sacrifie ses armées et ne sait point accepter la paix avantageuse qu'on lui offre : il ne pouvait rentrer dans Paris avec un prestige diminué.

Un pays dont la forme de gouvernement a pour adversaire un parti puissant ou dont l'ordre social est troublé par des luttes de classe n'est pas en mesure de mener à bien une grande guerre. La Révolution française n'a vaincu les armées étrangères que grâce à l'extrême mollesse et aux divisions des souverains étrangers.

Si la France rétablit la monarchie, elle sera toujours en ce point inférieure à la Prusse, car la Prusse est un pays monarchique, où la maison royale, populaire par les services rendus, peut longtemps encore compter sur l'appui de tous.

Les Français, au contraire, ont tellement perdu le sentiment monarchique, — la « loyauté, » comme disent les Anglais,—que les légitimistes mêmes ne le connaissent plus. La république peut rendre la force à la nation en rétablissant l'accord de tous.

C'est pour un pays un avantage très-grand d'avoir conservé une dynastie ancienne que le respect environne, mais à qui on a enlevé toute puissance de nuire, comme en Angleterre. C'est un avantage principalement pour l'avancement des classes populaires, but final que poursuivent les républicains. Voici comment.

République ou monarchie constitutionnelle se valent à peu près, et tout homme réfléchi avouera que ce n'est pas la peine de se battre pour avoir l'une plutôt que l'autre. Cependant si cette question est soulevée par la chute du trône, toute l'attention s'y portera. Les partis lutteront sur ce point. Des efforts énormes seront consacrés à amener le triomphe de l'une ou de l'autre de ces formes de gouvernement, et cette lutte est stérile, car l'enjeu ne vaut pas les sacrifices qu'il nécessite. Pendant ce temps, rien ne sera fait pour les questions économiques, pour l'enseignement, pour la diffusion des lumières et du bien-être, ce qui est pourtant la chose principale.

Organisez l'instruction primaire comme aux États-Unis, consacrez-y des centaines de millions, et vous aurez fait mille fois plus pour le triomphe définitif de la liberté démocratique qu'en proclamant la république.

Quand la forme du gouvernement est hors de cause, ce sont des réformes sociales que l'on accomplit, et ainsi le peuple s'avance peu à peu, mais sûrement, vers une plus grande égalité.

Le renversement du trône de Louis XVI a été un grand malheur pour la France.

Si les Français avaient conservé leur antique royauté, ils l'auraient dépouillée sans peine de toutes ses prérogatives nuisibles, car elle manquait de tout point d'appui solide. La nation se serait bientôt gouvernée complétement elle-même. Elle aurait rétabli ses libertés provinciales, et elle aurait réalisé le magnifique programme humanitaire, formulé par le XVIIIe siècle, et qui déjà dans toute l'Europe était en voie d'exécution. Elle aurait échappé ainsi à cette triste période de l'empire qui lui a fait oublier la liberté pour la gloire des armes et qui a provoqué l'inimitié de l'Europe contre un pays que le genre humain adorait en 1789.

Aujourd'hui probablement la France serait aussi en république, mais elle y aurait abordé, mûrie par une longue préparation, au lieu d'y être jetée par la tempête, comme sur un radeau que chaque lame menace d'engloutir.

Les pays qui ont une dynastie nationale respectée, aimée de tous, comme l'Italie, feront sagement de la conserver et d'appliquer leurs forces au développement de la richesse et de l'instruction, ce qui est la chose essentielle; mais la France ne pourrait rétablir la dynastie ancienne sans se déchirer de ses propres mains et sans se vouer à une irrémédiable infériorité vis-à-vis des autres peuples. La légitimité est comme l'honneur, « on n'y peut plus rentrer quand on en est dehors ».

Si les conservateurs acceptaient la république, elle pourrait accorder une liberté plus grande que la monarchie. En voici la raison.

Plus un gouvernement sera attaqué, plus il aura recours aux moyens de compression. La forme et le nom n'y font rien : violemment contesté il sera despotique, ou du moins il emploiera les armes du despotisme. La Convention l'a bien prouvé. Si, au contraire, son existence n'est pas mise en péril, il pourra permettre impunément à toutes les doctrines d'élever leurs tribunes et de fonder leurs journaux.

Aux États-Unis la forme républicaine est voulue par tous; la liberté est absolument illimitée. Dans les États du sud, autrefois, l'institution fondamentale, l'esclavage, étant menacée, la liberté touchant ce sujet était complétement supprimée. Il en sera toujours ainsi.

Le seul gouvernement qui puisse donner pleine carrière à toutes les manifestations est celui qui s'appuie sur la grande majorité des citoyens. Or la république, si on le veut, sera ce gouvernement.

Aristote en dit la raison dans une de ces maximes lumineuses qui résument la sagesse de l'antiquité. « La démocratie est le plus solide des gouvernements, parce que c'est la majorité qui y domine et que l'égalité dont on y jouit fait chérir la constitution qui la donne. »

En résumé, la république et la monarchie constitutionnelle sincèrement pratiquées ont tant de caractères communs, et leurs avantages respectifs se compensent à tel point, qu'il ne peut jamais être avantageux de faire une révolution pour substituer l'une à l'autre.

Les nations qui possèdent une dynastie généralement acceptée font bien de la garder et d'appliquer leurs efforts aux réformes sociales. Mais la France, dont le sol n'est plus assez ferme, semble-t-il, pour porter une monarchie, devrait s'efforcer de constituer une république stable par le concours de tous.

Il n'est pire situation, pour un peuple, que d'aspirer avec ardeur à une forme de gouvernement qu'il ne parvient pas à faire vivre, et de renverser toujours, en un moment de fureur, celle qu'il s'est donnée en un jour de lassitude ou d'effroi.

Seulement pour fonder la république il ne suffit pas de le vouloir; il faut encore faire tout ce qui est indispensable à son existence.

CHAPITRE XX

LES RÉPUBLICAINS EMPÊCHENT LA RÉPUBLIQUE DE S'ÉTABLIR EN FRANCE.

La première difficulté est qu'il faut, comme on l'a dit, fonder la république sans les républicains.

Cela parait injuste et pourtant on ne peut faire autrement; car les républicains n'admettent presque aucune des maximes qui peuvent assurer la durée des institutions républicaines et ils ont beaucoup de penchants qui leur seraient mortels.

Je n'ai jamais compris qu'en France les républicains, au lieu de s'inspirer de ce qu'avaient fait les fondateurs de la république en Suisse, aux Pays-Bas, dans les États-Unis, lesquels ont réussi, prennent obstinément pour modèles les hommes de 1793, qui ont lamentablement échoué.

Qu'on attribue à ces hommes toutes les vertus, l'amour de la patrie et de l'humanité, l'éloquence, la vertu, le courage, la fermeté : plus on exaltera leur mérite, plus il faudra avouer que leurs idées étaient fausses, puisqu'avec de telles qualités, ils sont cependant arrivés à ce résultat que, pour leur échapper, la France s'est jetée dans les bras d'un tyran.

CHAPITRE XXI

EN RÉPUBLIQUE, LES CITOYENS DOIVENT SE GOUVERNER, NON ÊTRE GOUVERNÉS.

Voici quelques idées fausses qui sont incompatibles avec l'existence de la république.

Les républicains français de la fin du siècle dernier et ceux de notre temps n'ont jamais compris ce que c'est que la liberté politique.

Demandons à un publiciste américain en quoi consiste cette liberté. « La liberté régnera, dit M. Francis Lieber, quand on aura accordé les plus sûres garanties à tout acte légitime et posé les obstacles les plus efficaces contre toute intervention non indispensable du pouvoir. » Ainsi créer partout des obstacles à l'action de l'État et au contraire des moyens de défense pour l'activité individuelle, non-seulement respecter les minorités, mais dresser pour elles des refuges et des remparts, afin qu'elles puissent résister légalement à la majorité, n'admettre nulle part d'autorité omnipotente, telle est l'idée que les Américains se font de la liberté.

S'emparer de l'autorité par un coup de main, proclamer la république de droit divin, organiser les pouvoirs de façon que la volonté de ceux qui dirigent la république ne rencontre nulle part de résistance, imposer par décret tout ce que l'on croit utile, mettre à néant ou réduire à l'impuissance toutes les autorités locales qui pourraient désobéir, écraser au besoin dans le sang tous ceux qui résistent à l'établissement de ce que l'on appelle la justice, supprimer les journaux hostiles, dissiper les réunions malintentionnées, fermer la bouche aux dissidents, emprisonner les traîtres et les partisans de l'ancien régime, voilà comment on a toujours voulu fonder en France les institutions républicaines.

Les anciens n'avaient pas l'idée de la liberté individuelle telle que les Anglo-Saxons l'ont reçue de leurs ancêtres, et telle qu'ils l'ont consacrée dans leurs lois. En Grèce, comme à Rome, le citoyen était tout entier aux mains de l'État, mais la liberté existait, croyait-on, quand tous prenaient part au gouvernement. La science politique ne consistait pas à garantir les droits des individus, mais au contraire à les plier au service de la cité.

L'Anglo-Saxon veut ne pas être gouverné, le Grec voulait gouverner à outrance pour atteindre le but posé à l'État.

Laissez faire chacun, dit le premier, et tous seront aussi heureux qu'ils peuvent l'être, ce qui est la fin pour laquelle la société existe.

Emparez-vous de chacun, dit l'autre, ou l'ordre véritable ne s'établira jamais. En ce point, les républicains français pensent et agissent comme les Grecs, et c'est ainsi qu'ils ont tué et qu'ils tueraient encore la république, s'ils en étaient les maîtres.

L'homme moderne, quelque brisé qu'il soit par le despotisme et par la lassitude de ses vaines tentatives d'émancipation, ne peut se soumettre à ce régime antique : il résiste, des mécontentements se font jour, des minorités lèvent la tête. Le pouvoir ne peut le tolérer, il veut anéantir toutes les résistances; sa sévérité même en provoque de nouvelles, la lutte s'engage, et, après qu'elle a abouti à la guerre civile, la république s'écroule sous le poids des désordres qu'elle a enfantés.

CHAPITRE XXII

EN RÉPUBLIQUE LA MINORITÉ DOIT SAVOIR SE SOUMETTRE ET ATTENDRE.

Une condition essentielle du gouvernement républicain, c'est que les partis respectent les lois et sachent se résigner à demeurer minorités, jusqu'à ce qu'ils reconquièrent la suprématie par les moyens légaux.

Aux États-Unis, rien n'égale l'âpreté, la violence même des luttes électorales, si ce n'est la soumission avec laquelle les partis acceptent le verdict du scrutin.

En France, les républicains ont hérité de la première révolution la tradition des journées. Un groupe de citoyens de Paris, qui de bonne foi s'appelle le peuple et se croit l'incarnation du droit, marche sur le siége du gouvernement et s'empare du pouvoir.

C'est à coups de journées populaires qu'on a renversé successivement tous les gouvernements; c'est à coups de journées militaires qu'on a aussi établi deux fois le despotisme. L'emploi de la force pour changer les institutions paraît donc si naturel que le parti radical n'hésite jamais longtemps à en faire usage. L'assemblée nationale, même élue par le suffrage universel, ne lui inspire aucun respect. Il trouve toujours quelque raison pour attaquer son autorité; elle représente, dira-t-il, tantôt la corruption et l'intimidation, tantôt la stupidité des campagnes et les préjugés ruraux. Balayer ce foyer de réaction est le premier devoir de tout bon patriote.

L'esprit d'obéissance peut être le propre des âmes serviles sous le despotisme, mais, sans cet esprit, la république ne subsistera pas, puisqu'elle doit s'appuyer sur le concours spontané de tous.

Contre un tyran l'insurrection est parfois un devoir; contre un gouvernement libre elle est toujours un crime.

Malheureusement la France ayant presque toujours eu à sa tête des pouvoirs soit usurpateurs, soit combattus par un parti puissant, éclairé et influent, l'hostilité contre le pouvoir est devenu un mal chronique.

Comme aucun gouvernement n'a jamais admis complétement la liberté, toutes les insurrections ont pu être considérées comme de glorieuses revendications d'un droit méconnu, et ainsi l'esprit de rébellion est entré dans le sang.

En Angleterre, on fomente pendant des années une « agitation » qui soulève le pays jusque dans ses fondements; des *meetings* surexcitent les passions populaires, des orateurs enflamment les foules dans les parcs; enfin des centaines de mille hommes roulent leurs flots menaçants jusqu'aux abords du parlement; mais il n'est point fait usage des armes, la légalité est respectée.

A Paris, on enterre le général Lamarque; on promène un drapeau en faveur de la Pologne; on veut avoir le droit de se réunir à des banquets ou d'élire un conseil communal; aussitôt les coups de fusil partent, le sang coule : c'est une déplorable échauffourée ou une « glorieuse journée », une émeute avortée ou une révolution triomphante. Ce n'est pas avec de semblables traditions qu'on fondera la république.

CHAPITRE XXIII

LE SENTIMENT RELIGIEUX EST PLUS NÉCESSAIRE A LA RÉPUBLIQUE QU'A LA MONARCHIE.

Les républicains sont en général hostiles à tout sentiment religieux. De Tracy a parfaitement résumé leur opinion à ce sujet quand il dit : « Moins les idées religieuses ont de force dans un pays, plus on y est vertueux, heureux, libre et paisible. » Les faits démontrent que c'est une manifeste et dangereuse erreur.

La force des États-Unis vient de l'esprit profondément religieux des puritains. Cet esprit a présidé à la naissance de la grande république, et il la conserve dans son développement actuel.

C'est la foi des gueux qui a fondé la glorieuse république des Provinces-Unies.

La Suisse est un des pays de l'Europe où le sentiment religieux est le plus répandu, le plus fort et le plus éclairé.

On prétend que la morale est indépendante de la religion ; en pratique du moins elles sont inséparables, car ce n'est que par les ministres du culte que le peuple reçoit des idées de morale. Chassez-les, qui restera dans les villages pour enseigner le devoir, avec cette autorité qui donne quelque efficace à la parole ?

Sans mœurs point de liberté, et sans religion point de mœurs, voilà ce que prouve l'histoire.

L'Église romaine ayant jeté l'anathème aux libertés modernes par l'organe de son chef infaillible, les peuples qui veulent conserver des institutions libres sont conduits, malgré eux, à lutter contre cette Église, et c'est là pour les nations catholiques une cause de désordre et de faiblesse dont nous ne pouvons encore apprécier toutes les désastreuses conséquences. Cette lutte inévitable est un grand malheur, mais du moins il faudrait s'efforcer de sauver le sentiment religieux, soit par le secours de la philosophie, soit en adoptant un culte ami de la liberté.

CHAPITRE XXIV

SANS LIBERTÉS PROVINCIALES ET COMMUNALES LA RÉPUBLIQUE N'EST QU'UN TITRE SANS LE LIVRE.

Les républicains ne veulent ni des libertés provinciales, ni des influences rurales. C'est encore une erreur. Elle vient aussi de la révolution, qui a proscrit avec une rage sanguinaire le fédéralisme et les fédéralistes, la seule forme de gouvernement et les seuls hommes qui auraient pu sauver la république.

Les républiques qui durent et qui prospèrent sont des fédérations : la Suisse et les États-Unis.

La raison en est simple : du moment que le pouvoir perd sa prépondérance autocratique, l'indépendance des provinces doit s'accroître ; il n'y a de liberté véritable qu'à cette condition.

Une république unitaire et absolutiste comme celle que l'on a toujours voulu fonder en France est un monstre. C'est le donjon du despotisme devant lequel on a élevé un fronton républicain avec les mots sacramentels : *liberté, égalité, fraternité;* mais le pays n'y étouffe pas moins, faute d'air et d'espace pour se mouvoir.

La France est en république maintenant, mais il n'y a rien de changé, sauf que la presse, les réunions, les transactions commerciales, les communications postales, les échanges internationaux, seront soumis à des entraves nouvelles.

L'une des plus grandes fautes de la révolution a été la destruction des assemblées provinciales, et je doute que la France arrive jamais à posséder la vraie liberté, si elle ne les rétablit pas. M. de Lavergne a raconté, dans un livre excellent sur ce sujet, le réveil de ces corps politiques si longtemps engourdis.

Quel magnifique spectacle ! Partout des réunions d'hommes éclairés, sensés, dévoués à leur pays, enflammés d'une sainte ardeur pour la justice, pour l'amélioration du sort de tous les peuples, pour le progrès sous toutes ses formes, occupés à la fois des intérêts de l'humanité entière et de ceux de leur localité !

Sous l'ancien régime, quand toute résistance était déjà brisée, les assemblées provinciales n'avaient point cessé de lutter contre l'arbitraire de la royauté. Elles avaient parfois combattu pour conserver des priviléges peu justifiables ; mais l'esprit du XVIIIe siècle les pénétrait, et, si elles avaient continué à vivre, elles l'auraient appliqué en des réformes durables.

Le parti radical rêve toujours, comme moyen de progrès, un pouvoir illimité mis aux mains des représentants de la bonne cause. Malheureusement, l'expérience l'a prouvé, le progrès ne peut s'accomplir ainsi, et ce pouvoir illimité finit toujours par tomber aux mains d'un usurpateur.

Ce qu'il faut, au contraire, c'est multiplier les corps indépendants capables de résistance, et ensuite convertir ces corps aux idées nouvelles. C'est ce que les républicains espagnols, dont M. Castelar est l'éloquent organe, ont bien compris; ils repoussent la république unitaire, et demandent la république fédérale.

En Hongrie, le parti radical défend l'autonomie des comitats. C'est en effet grâce à l'indépendance des comitats que la Hongrie est parvenue à défendre ses libertés contre tous les assauts du despotisme, dans une lutte héroïque de deux siècles.

Les républicains allemands sont aussi « particularistes », c'est-à-dire que, tout en voulant unifier l'Allemagne en une seule république, ils demandent que les États particuliers conservent une indépendance aussi grande que celle dont jouissent les États de l'Union américaine.

Les républicains français, avec leur fanatisme d'unité et leur opposition au système des autonomies locales, sont seuls parmi leurs coreligionnaires à marcher dans cette voie, et ils sont en contradiction avec leurs propres principes; c'est un triste legs de leurs aïeux de la révolution.

C'est à tort aussi qu'ils se défient des campagnes et attendent tout des villes.

Les populations urbaines ne sont que révolutionnaires, ce qui est un tempérament incompatible avec des institutions libres; excellent pour renverser la monarchie, il ne vaut rien pour fonder la république.

Les paysans, au contraire, sont conservateurs d'instinct, mais républicains de mœurs. Si vous pouvez les convertir à la république, celle-ci sera définitivement assise.

Voyez la Suisse et les États-Unis. Leur base solide,

c'est la masse des propriétaires ruraux; le point menaçant, ce sont les grandes villes : ici Genève, là-bas New-York.

Cette vérité avait été clairement aperçue par Aristote. D'après lui, aucun peuple n'est plus propre à fonder la démocratie qu'un peuple de cultivateurs. Et en effet, ils vivent simplement des fruits de leur travail, ils sont attachés à l'ordre; leurs besoins sont bornés, leur condition très-semblable; ils ne connaissent ni l'oisiveté ni le luxe, ces détestables fruits de l'inégalité, source inévitable des dissensions sociales.

Vouloir fonder une démocratie libre avec l'unique appui des grandes villes et contre le gré des campagnes est la plus vaine des tentatives.

Tant que l'État romain a été rempli de propriétaires libres, cultivant leur champ, il a pu constituer une république forte et glorieuse. Dès que Rome s'est peuplée d'une masse de prolétaires et d'oisifs opulents, elle est tombée dans l'empire, et, qu'on le remarque bien, elle ne pouvait y échapper.

Ce n'est pas César, c'est la corruption des mœurs qui a tué la république.

CHAPITRE XXV

L'ESPRIT LITTÉRAIRE DOIT ORNER, NON GOUVERNER LA RÉPUBLIQUE.

Il est encore un point qu'il importe de mettre en lumière. Si l'on continue à accorder trop d'empire à l'esprit littéraire, les institutions républicaines prendront difficilement racine.

Tocqueville a montré à l'évidence comment l'esprit littéraire, devenu tout-puissant à la fin du siècle dernier, avait engagé la révolution dans une voie où elle devait périr. M. Caro vient de nous faire connaître la détestable influence que certaine littérature a exercée sur les tristes événements dont Paris a été le théâtre.

La France a toujours adoré l'esprit; elle aime les beaux discours, les livres bien écrits, les idées générales brillamment formulées, les mots vifs, les phrases à effet.

Mirabeau, en grand artiste qui connaît son public, avait toujours soin d'aiguiser une pensée forte en un trait piquant qu'il plaçait à la fin de ses périodes.

Les Français n'ont pas tort d'aimer l'esprit, car c'est par les lettres qu'ils ont acquis la meilleure partie de leur renom, et qu'ils ont contribué à répandre dans le monde certains principes de justice sociale; mais parce qu'on admire les littérateurs, ce n'est pas une raison pour en faire des législateurs. Lisez les poëtes et les bons écrivains, dressez-leur des statues, vous ne pouvez leur faire trop d'honneur; mais ne leur confiez pas la direction des affaires publiques, car d'ordinaire ils ne parviennent même pas à bien gérer les leurs. Il ne faut point s'en étonner.

La principale qualité d'un poëte et de tout littérateur est l'imagination; or, en affaires, rien n'est plus funeste que l'imagination. Elle efface les obstacles ou accroît les périls, teint tout en rose ou en noir, en un mot empêche de voir les choses telles qu'elles sont. Les imbéciles font fortune, dit-on, tandis que les hommes de génie se ruinent. C'est que les premiers, rampant à terre, aperçoivent les obstacles et les évitent, tandis que les seconds, la tête dans les nues, se heurtent à toutes les pierres et se jettent dans tous les abîmes.

La première qualité de l'homme d'État est une vue claire de la réalité, car on ne peut tabler sur des espérances, et il importe de ne tenir compte que des faits. En politique, il ne faut donc pas se laisser guider par des hommes de lettres ni emporter par l'esprit littéraire. Si je voulais ruiner une province, disait Frédéric II, j'en confierais le gouvernement à un philosophe.

Il est même très-dangereux de transporter la langue littéraire dans l'administration de l'État.

Le littérateur vise à l'effet plutôt qu'à rendre la vérité. Il ne se soucie point d'un nombre exact : pour dire beaucoup, il dira mille ou un million. Il écrira qu'à l'ennemi la France opposera 40 millions de poitrines : il le croira peut-être ou du moins le fera croire.

L'antithèse, la métaphore, l'hyperbole, sont des figures de rhétorique qui, dans un livre, feront peut-être le meilleur effet; mais, dans la bouche de ceux qui gouvernent, elles peuvent amener d'irréparables malheurs.

Que de mal n'a pas fait en 93 la fausse rhétorique du temps ! Que de sang versé au nom des belles phrases empruntées à Rousseau ou à Plutarque ! C'est un grand danger de donner à la politique d'un pays une expression assez tranchante pour qu'elle tienne dans les deux membres d'une antithèse, et on se prépare de cruels mécomptes quand on veut formuler un programme en métaphores brillantes, ou quand on transforme une situation au gré d'une imagination trop ardente !

Le mal que je signale est grave, surtout quand il s'agit, comme en France, de refaire toutes les institutions, sans le secours de la tradition, celles qui existaient ayant conduit le pays à sa perte.

L'esprit littéraire tient lieu de science politique. Celle-ci est généralement ignorée, et elle n'est enseignée nulle part. Elle est sans doute cultivée par quelques écrivains d'élite, mais leurs livres sont peu lus et eux-mêmes ne sont pas nommés aux assemblées constituantes.

La France devrait avoir partout des professeurs chargés de découvrir les meilleures formes de gouvernement et de communiquer au public le résultat de leurs études, attendu que tous les vingt ans elle renverse son gouvernement et en cherche un meilleur;

et cependant on n'a pas songé, que je sache, à élever des chaires de droit constitutionnel (1).

C'est l'esprit littéraire, ce n'est pas la science politique qui a dicté la constitution de 1848 : aussi celle-ci n'a-t-elle pas duré longtemps. Consultera-t-on davantage la science aujourd'hui? A suivre la discussion récente sur la réorganisation de l'administration des départements, on serait porté à en douter.

Il faudrait se livrer patiemment à l'étude comparée des constitutions étrangères et recueillir les enseignements de l'histoire, sans se laisser entraîner par le charme de l'éloquence et par la magie de la rhétorique.

Partout où les procédés scientifiques ont été appliqués, de merveilleux progrès ont été accomplis; mais, chose tout à fait inconcevable, on n'a rien fait en France pour favoriser la science qui s'occupe des institutions politiques; et pourtant c'est du choix de ces institutions que dépend le bonheur,

(1) A l'École des chartes il y a un cours sur les institutions politiques, administratives et judiciaires de la France, et au Collége de France, une chaire de législation comparée, mais je ne crois pas que ces cours répondent au besoin que je signale. La lacune est si apparente, surtout maintenant, qu'un comité s'est formé à Paris pour organiser une *école libre de sciences politiques*. Le directeur de ce comité, M. Émile Boutmy, a publié un programme des cours très-bien conçu, et le début a été très-heureux. L'idée est excellente, mais elle ne portera tous ses fruits que si, comme en Belgique, l'État institue, pour les sciences politiques, un diplôme scientifique qui deviendrait un titre de préférence pour les fonctions administratives. C'est le seul moyen d'avoir un contingent suffisant d'élèves assidus et de répandre la connaissance sérieuse des sciences politiques dans le pays.

la grandeur, disons plus, l'existence même de la nation.

Aux États-Unis il n'est pas une école où l'on ne fasse connaître les lois constitutionnelles de l'État et de l'Union.

En Allemagne, dans toutes les universités, il y a plusieurs chaires de droit public et de science sociale.

Il en est de même en Hollande et en Italie.

En Belgique, on explique la constitution belge dans les universités, dans tous les établissements d'enseignement moyen et dans beaucoup d'écoles primaires.

Dans l'Assemblée appelée à donner une nouvelle constitution à la France, combien se trouvera-t-il de personnes qui auront suivi un cours ou fait des études spéciales sur cette importante matière ? Il y a là une immense et inquiétante lacune qu'il faudra s'efforcer de combler. C'est surtout en fait d'institutions politiques qu'il est nécessaire de faire appel à l'esprit scientifique et de se défier de l'esprit littéraire.

J'ai essayé d'indiquer quelques penchants mauvais et certaines idées fausses qui rendraient impossible l'établissement de la république en France. Je voudrais examiner maintenant quelles seraient les institutions qui pourraient en assurer la durée.

CHAPITRE XXVI

LA RÉPUBLIQUE S'IMPOSE A LA FRANCE, QUI Y EST TRÈS-MAL PRÉPARÉE.

La république est la forme de gouvernement où la nation intervient de la façon la plus complète dans la direction des affaires publiques, car elle nomme les dépositaires de l'autorité suprême, ceux qui exercent le pouvoir législatif et exécutif, et elle ne leur délègue qu'un mandat à court terme. C'est donc la nation qui détermine la marche à suivre et qui décide ainsi de ses destinées (1).

Pour qu'un semblable régime donne de bons résultats et permette à un pays de vivre et de se développer, il faut que le peuple, de qui tous les pouvoirs émanent par la voie d'élections souvent renouvelées, soit capable de faire de bons choix, et, pour qu'il puisse faire de bons choix, il faut qu'il ait une certaine habitude de suivre les affaires publiques, et assez de lumières, non pour se faire une opinion sur les différentes questions politiques, mais au moins pour se rendre compte en gros de la direction qu'il faut prendre, et

(1) *Les libertés populaires*, par M. Charles Périn. — *De la nécessité d'une seconde chambre*, par M. A. Join-Lambert. — *L'opinion publique et les gouvernements*, par M. de La Cidre. — *Propositions constitutionnelles*, par M. *** (1871).—*La France nouvelle*, par Prevost-Paradol. — Lieber, *Civil liberty and self-government*. — *De l'établissement du gouvernement fédéral en France*, par M. Peyron.

pour discerner quels sont les hommes les mieux faits pour marcher dans ce sens avec sagesse et dans l'intérêt bien entendu de leurs commettants. Évidemment, ce n'est qu'à cette condition que la république peut donner à un pays la sécurité, la prospérité, la grandeur.

Or le peuple français possède-t-il les aptitudes que nous venons d'indiquer ?

Même à l'époque, hélas ! trop courte où il a pu choisir librement une chambre investie de toutes les prérogatives parlementaires, il était soumis, dans tous les actes de sa vie publique et privée, à une tutelle administrative si omnipotente et si universelle, qu'il n'a guère pu se préparer à la tâche difficile de se gouverner lui-même.

D'autre part, des différents pouvoirs qui se sont succédé en France, aucun n'a compris qu'il fallait, à tout prix et à bref délai, répandre dans toutes les classes les connaissances qui sont indispensables à un peuple, auquel on n'a pas craint d'accorder le périlleux droit de nommer aux plus hautes fonctions de l'État, ou qu'il fallait au moins lui donner ce degré élémentaire d'instruction, que même des rois absolus avaient cru devoir accorder à leurs sujets, dans un pays voisin.

Ainsi, peu de lumière et nulle habitude du *self-government* chez le peuple, beaucoup d'appréhensions et d'idées rétrogrades chez le parti conservateur, des traditions de despotisme et de violence chez le parti républicain, enfin une dangereuse hostilité de classes, voilà certes des éléments qui ne rendent pas facile l'établissement d'une république stable en France.

D'autre part, la restauration d'une monarchie durable offre, semble-t-il, de plus grandes difficultés encore. La proclamer serait aisé. Il suffirait probablement d'un vote de la chambre ou d'un coup d'État appuyé par l'armée; mais combien de temps une monarchie ainsi restaurée pourrait-elle résister aux intrigues des bonapartistes, disposant d'une partie de la presse et abusant de la crédulité des campagnes pour leur faire regretter l'âge d'or de l'empire, aux exigences du clergé réclamant une expédition à Rome et des lois théocratiques, aux républicains agitant les villes et les ateliers au moyen de la question sociale, et se servant sans relâche de cette arme d'opposition, presque irrésistible, que leur offrirait le désir si général de la revanche contre l'Allemagne?

Un souverain qui, pendant le temps nécessaire à la France pour se refaire, voudrait résister aux impatiences belliqueuses et aux illusions de la vanité nationale qu'on soulèverait contre lui, serait perdu; il tomberait sous le poids de l'impopularité.

Le renversement de la république conduirait donc à une nouvelle guerre extérieure, avec la perspective d'une révolution sociale au moindre échec, comme en 1870. L'enchaînement des situations est si manifeste qu'on peut difficilement comprendre quel serait le prétendant qui oserait prendre la responsabilité d'une pareille aventure.

La France est ainsi tenue de conserver la république, sous peine de s'exposer à des crises et à des catastrophes plus terribles encore que celles qu'elle vient de traverser. Il y a plus, toutes les puissances qui désirent le maintien de la paix, ne fût-ce que pendant quelques années, doivent souhaiter qu'il ne soit pas fait en France de tentative de restauration monarchique. Il est donc de l'intérêt du peuple francais et de l'Europe tout entière, que l'on puisse trouver le moyen de donner, dans ce pays, au régime républicain, l'esprit de suite et de sagesse dont il a besoin pour durer.

Si la France parvenait à implanter chez elle des institutions libres dans le genre de celles qui assurent aux États-Unis une si étonnante prospérité, ce serait une revanche glorieuse, sûre, à laquelle l'humanité applaudirait et qui donnerait au peuple français en Europe une puissance, une influence plus grandes et plus bienfaisantes surtout que celles qu'il a eues sous Louis XIV et sous Napoléon Ier.

CHAPITRE XXVII

EN RÉPUBLIQUE L'INSTRUCTION UNIVERSELLE DOIT PRÉCÉDER LE SUFFRAGE UNIVERSEL.

Le premier point à examiner concerne la base même de l'édifice politique, la source actuelle de tous les pouvoirs, le suffrage universel.

Quand on a appelé au scrutin tous les Français sans distinction, sans condition, sans préparation, on a commis une faute dont on subit aujourd'hui les désastreuses conséquences et que regrettent surtout, assure-t-on, ceux qui en ont été les auteurs. C'est le suffrage universel qui, malgré les résistances des gens éclairés, prévoyants et moraux, a porté au trône l'homme qui avait fait les expéditions de Strasbourg et de Boulogne, et qui devait faire, avec le même laisser-aller et le même aveuglement, les deux guerres non moins insensées du Mexique et du Rhin.

On est épouvanté quand on songe de quel abîme de préjugés, de superstitions, d'animosités, de ténèbres doit sortir le verdict qui, périodiquement, décide des destinées d'un grand pays comme la France.

Il paraît qu'aujourd'hui une partie des radicaux voudraient restreindre le suffrage, tandis que les conservateurs tiennent à le garder tel qu'il est. Erreur de tactique des deux côtés.

Le suffrage universel est l'arme naturelle de la démocratie, et, tôt ou tard, il se tournera contre le parti conservateur, qui croit pouvoir y compter maintenant. L'histoire de toutes les démocraties prouve que les masses finissent toujours par se servir de leur vote pour frapper les riches au profit de ceux qui ne le sont pas.

Examinons d'abord la question de droit.

Les uns prétendent que voter est un droit naturel, et que nul par conséquent ne peut en être privé. Les autres soutiennent que c'est un mandat que quelques-uns doivent exercer dans l'intérêt de tous. Ce n'est ni l'un ni l'autre.

Voter n'est pas un mandat; car, à coup sûr, les foules privées du suffrage n'ont pas donné aux électeurs privilégiés la mission de voter pour elles.

Le mandataire doit exécuter scrupuleusement la volonté du mandant : or, dans les pays à suffrage restreint ceux qui ont le droit de voter doivent-ils obéir aux injonctions de ceux qui ne votent pas et qu'on a écartés du scrutin pour cause d'incapacité? Le capable devrait alors suivre les ordres de l'incapable, ce qui est absurde. Évidemment, le suffrage n'est pas un mandat.

Est-ce un droit naturel ? mais à qui faut-il reconnaître ce droit? à tous ceux qui ont un visage humain? En ce cas, pourquoi le refusez-vous aux femmes, aux enfants, aux aliénés, aux criminels ? Parce qu'ils sont indignes ou incapables d'exercer leur droit, répondez-vous. Je l'admets, et j'en conclus que, si l'incapacité est un motif d'exclusion, la capacité est le titre d'admission au suffrage.

Écartons ce terme de droit naturel qui peut égarer. Il n'y a pas deux sortes de droits : des droits naturels et des droits non naturels.

Tout ce qui est conforme à la justice, à l'ordre général, tout ce qui favorise la marche de l'humanité et de chaque homme vers la perfection relative à laquelle ils sont appelés, constitue le droit. Tout droit est donc naturel, en ce sens qu'il est conforme à la nature des choses, à cet ordre général qui préside à l'univers, et que les hommes doivent découvrir d'abord et ensuite respecter.

Il est naturel et de droit que l'individu dirige ses propres affaires, parce que nul mieux que lui ne veillera à ses intérêts. Cependant, si quelqu'un manque par trop de raison et gaspille follement ce qu'il possède, on le met en interdit, parce qu'il se nuit à lui-même et par suite aussi à la société dont il fait partie. De même il est naturel, il est de droit, il est désirable que tout homme prenne part à la direction des affaires publiques, parce que son intérêt y est engagé; mais il faut qu'il puisse le faire sans se nuire et sans compromettre la sécurité de la société dont il est membre, sinon il est naturel, il est de droit, il est nécessaire qu'il soit privé du suffrage, dans son intérêt et dans celui des autres.

La capacité, celle tout au moins qui consiste à discerner où est le véritable intérêt, voilà donc manifestement l'unique titre au droit de voter.

La république ne repose pas plus que toute autre forme de gouvernement sur la vertu, car, si Montesquieu avait raison en ce point, elle serait la plus vaine des chimères.

La vertu est nécessaire partout; elle est l'honneur, la force des civilisations spiritualistes; mais elle est une trop rare exception pour qu'on puisse en faire la base des institutions humaines.

Le gouvernement démocratique est moins exigeant; il veut seulement que le peuple soit assez éclairé pour discerner son véritable intérêt. Ce gouvernement repose donc sur l'égoïsme bien entendu dans le sens complet du mot. S'il devait compter sur l'esprit de sacrifice, il ne durerait pas un jour.

L'abnégation, le sacrifice est ce qui fait les héros et les saints. La foule même peut s'y élever dans un moment d'exaltation patriotique ou religieuse; mais cette vertu exceptionnelle ne peut devenir le ressort de la vie de tous les jours.

Le propre d'un bon gouvernement est de procurer la sécurité nécessaire pour que chacun puisse agir, satisfaire à ses besoins, user librement de ses facultés, dans les limites qu'impose le respect du droit d'autrui. Un semblable gouvernement fait régner l'ordre et la justice et garantit les droits du travail et la propriété légitime issue du travail. Or toutes ces choses sont dans l'intérêt du plus grand nombre. Il suffit donc que la masse du peuple aperçoive le rapport nécessaire qui existe entre ces choses et son intérêt bien entendu pour qu'il accorde son appui à un bon gouvernement, et dès lors le régime démocratique peut se soutenir.

Mais si le peuple est assez peu éclairé pour ne pas voir ce rapport, s'il s'imagine améliorer son sort par la violence et la spoliation, ou s'il est disposé à écouter ceux qui lui promettent le bonheur sous l'égide du despotisme théocratique ou militaire, alors accorder à tous le droit de voter, c'est creuser le tombeau de la liberté. Elle succombera au sein de l'anarchie et peut-être au milieu d'épouvantables désastres.

Jamais on ne fera admettre que la faculté de perdre la patrie par des votes insensés et d'empirer ainsi le sort des travailleurs, sur qui retombe toujours le plus durement le contre-coup des malheurs publics, soit un droit naturel.

« Toutes les combinaisons de la machine politique, a dit très-justement M. Guizot, doivent tendre, d'une part, à extraire de la société tout ce qu'elle possède de raison, de justice, de vérité, pour les appliquer à son gouvernement, de l'autre, à provoquer les progrès de la société dans la raison, la justice, la vérité, et à faire incessamment passer les progrès de la société dans son gouvernement. »

Il est certaines règles de justice, de bonne administration, de prévoyance, qu'un pays est tenu d'observer pour se maintenir et prospérer. Ceux-là seuls qui sont en état de discerner ces règles doivent être appelés à gouverner ou à élire ceux qui gouvernent.

Mirabeau a dit : La raison est le souverain du monde. A voir comment les affaires publiques sont généralement conduites, on ne s'en douterait guère. Ce qu'il fallait dire, c'est que la raison doit être l'unique souverain.

C'est à ceux qui ont assez de raison pour voir le rapport qui existe entre la bonne direction de la chose publique et leur intérêt, et pour ne pas se laisser égarer par ceux qui cherchent à les tromper, c'est à ceux-là et pas à d'autres que revient le droit de suffrage.

Seulement il y a deux motifs très-forts pour admettre au scrutin le plus d'électeurs qu'on peut sans mettre l'État en péril.

C'est d'abord parce que la minorité qui jouit du suffrage fait presque toujours des lois tout en sa faveur, ou du moins ne défend pas les intérêts des classes exclues du vote, comme celles-ci le feraient elles-mêmes.

Ensuite, c'est parce qu'il n'y a point de meilleure éducation politique que de prendre part à l'agitation électorale et au vote. Le suffrage universel est donc le but vers lequel il faut marcher. Il faut s'efforcer, dans l'intérêt de la justice, de répandre la capacité politique, et, à mesure qu'elle se répand, augmenter le nombre des électeurs; mais il ne faudrait jamais oublier que l'instruction universelle doit toujours précéder le suffrage universel.

Comme mesure pratique, M. Prevost-Paradol proposait le vote par bulletin autographe écrit sur la table même du scrutin, selon l'ancien usage, avec des précautions efficaces pour assurer le secret du vote. Il faut, en effet, que l'électeur soit au moins assez éclairé pour discerner, sans secours étranger, le nom de son élu et le sens de son vote, afin qu'il ne devienne point, par son excessive ignorance, l'aveugle instrument du pouvoir ou des partis. Nul ne disconviendra que, si la chose était à refaire, tel devrait être tout au moins le tempérament du suffrage universel en France; mais aujourd'hui est-il temps encore de revenir sur ce qui a été fait ? On peut en douter.

Les conservateurs ne le voudraient pas; les radicaux ne l'oseraient pas.

Nul parti n'aimerait à encourir l'impopularité qui

résulterait pour lui d'une atteinte au suffrage universel, et il ne s'exposerait pas volontiers à ce qu'on lui dît : Vous craignez donc le verdict du peuple ?

D'ailleurs il paraîtrait dur d'enlever le droit de voter aux classes inférieures, et notamment aux habitants des campagnes, au moment où ils ont donné si largement à la patrie leur sang et leurs épargnes.

Mais s'il est malheureusement trop tard pour exclure les ignorants des comices, il faut se hâter de faire disparaître l'ignorance de la France.

La production de la richesse et la guerre, puisque hélas ! il faut parler de cette chose horrible, exigent également aujourd'hui de la science et de l'instruction à tous les degrés de l'échelle, depuis le chef d'industrie jusqu'au plus humble artisan, depuis le général commandant des armées jusqu'au simple soldat.

Le pays où toutes les découvertes scientifiques et les connaissances élémentaires seront le plus répandues ne peut manquer, à la longue, de l'emporter sur les autres. Les événements récents viennent de révéler tout ce qui manquait à la France sous ce rapport, et les conséquences désastreuses de cette infériorité sont sous nos yeux. Il faut en toute hâte la faire cesser, sinon l'affermissement des institutions libres est impossible.

De grandes défaites ont été pour plus d'une nation le commencement de leur régénération.

C'est après avoir été vaincue par Frédéric II que

Marie-Thérèse a commencé d'organiser l'enseignement en Autriche et de réformer l'administration.

C'est après Iéna que Stein a transformé les conditions sociales en Prusse, que Scharnhorst y a introduit cette organisation de l'armée et Humboldt ce système d'instruction publique, dont on a pu apprécier les résultats.

Après la guerre de Crimée, la Russie a aboli le servage, immense révolution sociale, et a couvert son territoire de chemins de fer, grand progrès économique et stratégique.

Les États-Unis, pendant le temps même qu'ils soutenaient une guerre civile qui leur coûtait 45 milliards de francs, doublaient la somme qu'ils consacraient à l'instruction, et depuis lors ils l'ont doublée encore, de façon que les anciens États libres consacrent aujourd'hui à ce service 250 millions de francs. A ce compte la France devrait y affecter au moins 350 millions.

Au lieu de cela, chose incroyable et profondément affligeante, elle vient de diminuer le budget de l'instruction, de taxer le papier, ce pain de l'intelligence, et d'augmenter le prix du transport des lettres et des marchandises qui établit entre les hommes l'échange des idées et des produits, source de toute civilisation. Mieux aurait valu frapper la mouture, comme l'a fait l'Italie, que le papier et les lettres. Car c'est un impôt inepte et barbare que celui qui frappe les instruments de l'activité intellectuelle.

La défaite n'a été l'occasion d'une grandeur nouvelle que pour les pays qui en ont compris les sévères enseignements et qui, sans hésiter, se sont livrés à des réformes radicales. Ce n'est pas en enlevant un million à l'enseignement déjà si misérablement doté, en faisant encore quelques pauvres économies sur les autres services publics et en accablant toutes les transactions d'impôts nouveaux, que la France pourra marcher de pair avec les autres pays où l'on ne recule devant aucun sacrifice pour favoriser les progrès de la science, la diffusion des lumières, l'activité des échanges et des communications. Rester dans l'ancienne ornière, c'est se résigner à une lente, mais inévitable déchéance. Après d'aussi prodigieux événements, il faut de profondes réformes. Il ne s'agit de rien moins que d'une rénovation sociale et politique, dont la première condition est de répandre partout l'instruction.

Napoléon Ier a cru perdre la Prusse en l'obligeant à ne maintenir que 40,000 hommes sous les armes. Il a posé le fondement de ses futurs accroissements.

Que la France s'impose momentanément une condition semblable, qu'elle ait l'énergie d'enlever des millions et des millions à une marine qui, — les États-Unis l'ont bien compris, — ne peut jamais se maintenir au niveau des inventions nouvelles, et à une armée dont il faut refondre toute l'organisation, et que ces millions elle les donne à l'enseignement.

Comme symbole de ce grand mouvement de régénération intellectuelle, que l'on consacre les Tuileries restaurées à une véritable université(1), c'est-à-dire à l'association vivante de toutes les facultés, de toutes les sciences, *universis disciplinis*.

Les savants français ont toujours beaucoup fait pour le progrès de la science, la France n'a presque jamais rien fait pour ses savants.

Dans les villes allemandes, ce sont de véritables palais que l'on construit pour les écoles et pour les instituts scientifiques.

Puisque l'empire a trouvé bon de consacrer aux plaisirs, à la musique, à la danse représentée par le groupe que l'on sait, un monument tout resplendissant d'or et de marbres précieux, que la république affecte l'ancien palais des rois à la science, l'universel souverain de l'avenir.

On ne peut trop se pénétrer de cette vérité, que la science est la source de toute prospérité économique et de toute puissance militaire, de même que l'enseignement populaire est la base de toute démocratie raisonnable et la condition de toute république viable. Il faut donc doter largement ces services, dût-on même enlever quelque chose aux corps de ballet ou aux vaisseaux cuirassés. Ne pouvant restreindre le suffrage universel, il faut au moins l'éclairer.

(1) Voyez dans la *Revue des deux mondes* (15 avril 1870), quelques idées concernant les réformes de l'enseignement supérieur.

CHAPITRE XXVIII

DE LA REPRÉSENTATION DES MINORITÉS.

Une autre question se rattache encore à celle du suffrage, c'est celle de la représentation des minorités. Elle a vivement occupé l'Angleterre pendant ces dernières années, et différentes réformes ont déjà été introduites et appliquées.

En France, ce problème n'a pas encore suffisamment attiré l'attention publique, quoique plusieurs publicistes en aient signalé l'importance, notamment M. Prevost-Paradol dans *la France nouvelle*, M. Dupont-White dans sa préface à la traduction du livre de M. Stuart Mill sur le *Gouvernement représentatif* et M. E. Aubry-Vitet, dans la *Revue des deux mondes* (1).

Le système de votation généralement en usage sur le continent aboutit à ce regrettable résultat, que les minorités ne sont point représentées en raison de leur force numérique. Il arrive même que la majorité qui dans le parlement dispose du gouvernement, représente non la majorité, mais la minorité des électeurs.

C'est ce qui a eu lieu, par exemple, en Belgique aux élections de 1870. Le nombre total des voix obtenues

(1) En Suisse, on s'est beaucoup occupé de cette question. Il s'est même formé à Genève une ligue pour la réforme électorale, sous la direction de M. Ernest Naville. Voyez *Travaux de l'association réformiste de Genève* (1865-1871), recueillis par Ernest Naville. — Genève, H. Georg 1871, et une note aux annexes.

par les candidats libéraux était plus grand que celui réuni par les candidats cléricaux, et cependant ceux-ci avaient un plus grand nombre de leurs candidats élus.

Ce résultat, tout à fait en opposition avec l'essence du régime représentatif, est très-dangereux pour la stabilité des institutions parlementaires, et il pourrait se produire en France, avec le scrutin de liste par département, d'une façon bien plus grave encore.

Supposez en effet que l'un des partis nomme un peu plus de la moitié des députés dans des élections très-disputées et à de fort petites majorités, et que dans les colléges électoraux où il est battu, il n'ait presque pas de voix; dans ce cas, le parti vaincu sera en minorité dans la chambre, quoiqu'il ait eu pour lui la grande majorité des électeurs. En effet, il a eu d'une part presque l'unanimité, et d'autre part presque la moitié des voix, donc au total un peu moins des trois quarts. Le parti qui n'en aura obtenu qu'un peu plus du quart désignera le ministère et constituera le gouvernement.

Un mode d'élection qui rend possible un résultat aussi monstrueux n'est-il point par cela même condamné à disparaître ?

Plus un collége électoral est étendu, plus la minorité est sacrifiée. Faites de toute la France un seul collége électoral, et la moitié des électeurs plus un nommera tous les réprésentants, l'autre moitié moins un n'en aura pas un seul.

Pour arriver à une équitable représentation des minorités, les Anglais ont trouvé deux systèmes qui sont appliqués l'un et l'autre. C'est une preuve remarquable de l'amour du progrès qui anime l'Angleterre contemporaine que de voir une idée toute nouvelle, préconisée par quelques écrivains de l'école radicale, passer si promptement dans les lois et dans la pratique, uniquement parce qu'elle est juste.

Le premier moyen employé pour représenter la minorité est celui du *vote cumulatif*. Voici en quoi il consiste : chaque électeur dispose d'autant de suffrages qu'il y a de candidats à élire, et il peut « accumuler » tous ses suffrages en faveur d'un seul d'entre eux. Supposez trois candidats à élire, dans le système actuel, la majorité les nommera tous les trois et la minorité ne sera pas représentée ; avec le vote cumulatif, l'électeur, disposant de trois suffrages, peut inscrire sur son bulletin ou trois noms différents, ou trois fois le même nom, et chaque nom inscrit compte pour un suffrage. De cette façon le tiers des électeurs, en s'entendant pour ne voter que pour un seul candidat, est assuré de le faire passer, et la minorité se trouve représentée. Le vote cumulatif a été admis en 1870, ainsi que le scrutin secret, dans les élections des comités scolaires (*school boards*), et, chose rare, il a donné des résultats qui ont satisfait tous les partis. Ce système avait été appliqué dès 1856 par un acte de la reine d'Angleterre, le *Ruatan warrant*, dans certaines îles du golfe de Honduras, les Bay-Islands, érigées, à cette époque, en colonie indépendante.

Le second moyen employé pour assurer la représentation des minorités n'est pas moins ingénieux. S'agit-il de nommer trois candidats, chaque électeur ne peut inscrire sur son bulletin que deux noms. La minorité, à moins qu'elle ne soit tout à fait insignifiante, peut donc avoir un représentant sur trois. Ce système avait été proposé par M. G.-L. Craik, professeur d'histoire au « Queen's college » de Belfast; il l'avait fait connaître en 1836 dans le *Companion to the newspaper*. Lors de la dernière réforme électorale en Angleterre, il a été adopté pour les élections de certaines villes qui ont plusieurs députés à élire.

Enfin il est un autre système plus compliqué, mais meilleur que les précédents, imaginé par M. Andræ en Danemark et par M. Hare en Angleterre, exposé et défendu en France avec grand talent par M. Aubry-Vitet. Il aurait pour résultat de donner à chaque opinion un nombre de représentants proportionnel au nombre de ses adhérents, ce qui est bien l'idéal du gouvernement représentatif.

J'ai cru devoir appeler l'attention sur ces intéressantes combinaisons pour deux motifs : d'abord parce que le mode de voter en usage en France et sur le continent est très-imparfait et ne produit pas une représentation exacte des différentes opinions; ensuite parce que les Français, pour fonder la liberté politique, doivent apprendre à respecter les minorités, ce qu'aucun parti n'a su faire et n'est encore disposé à faire.

Mis en relation, en ma qualité d'étranger, avec des hommes d'opinions opposées, j'ai toujours été étonné et peiné des jugements malveillants et injustes que chacun portait sur ses adversaires.

Pour le républicain, le monarchiste est un homme à idées étroites, incapable et ennemi du peuple ; pour le conservateur, le républicain est un fauteur de désordre, un intrigant, un communiste (1).

Chaque parti, au lieu de chercher un moyen équitable pour que ses adversaires soient représentés en raison de leur nombre ou de leur mérite, serait plutôt disposé à adopter toute combinaison qui pourrait les exclure du parlement.

Il serait difficile, j'imagine, de persuader aux conservateurs que, puisqu'il y a des communistes en France, il est bon qu'ils soient représentés à la chambre, et les libéraux ne comprennent pas davantage que, s'il y a des partisans de l'inquisition, il est utile de leur procurer l'occasion de se produire à la tribune nationale.

Sans doute nous devons désirer que les opinions que nous considérons comme dangereuses disparais-

(1) J'hésiterais à émettre cette appréciation, si je ne l'avais trouvée exprimée par des juges plus compétents que moi. Voici ce que disait excellemment à ce sujet M. Émile Beaussire : « Nous supportons mal la contradiction dans les choses qui nous tiennent à cœur. L'opinion la plus téméraire, la plus inepte est pour nous un dogme hors duquel il n'y a point de salut. Chaque parti veut être une église et n'admet pas le doute sur son infaillibilité. Les plus libéraux cherchent des faux-fuyants pour ne pas donner aux dissidents la liberté qu'ils réclament pour eux-mêmes. De là cette facilité avec laquelle s'établissent les dictatures et se perpétuent, entre les mains de tous les partis, dans leurs alternatives de victoire et de défaite, les mêmes moyens de compression. » Voyez la *Revue des deux mondes*, du 1er mai 1871.

sent; nous devons les combattre par nos paroles, nos écrits, nos votes; mais, tant que ces opinions respectent la légalité, nous devons les tolérer et même leur assurer la représentation à laquelle elles ont droit. Il y a pour cela plusieurs excellents motifs.

D'abord, nous ne sommes pas infaillibles; nous défendons, peut-être de très-bonne foi, une mauvaise cause. L'esclavage, la torture, les priviléges les plus iniques n'ont-ils pas été défendus ainsi? N'imposons donc point silence à ceux qui ne pensent pas comme nous.

Ensuite nous, majorité d'aujourd'hui, nous ne le serons peut-être plus demain. Respectons donc scrupuleusement les droits de la minorité, afin qu'elle respecte aussi les nôtres le jour où nous serons les plus faibles.

Enfin, quand une doctrine existe, plus elle est subversive, violente, insensée, plus il est urgent qu'elle se produise au grand jour et qu'elle soit discutée. Son inanité, son impuissance seront publiquement démontrées, et, chose essentielle, on sera averti de son existence et on apprendra à la combattre.

Les divers gouvernements qui se sont succédé en France ont toujours cru que, pour sauver l'ordre, il fallait comprimer toute manifestation des idées considérées comme subversives; leur ménager une représentation aux chambres eût paru monstrueux.

Le résultat de ce système a été que ces idées ont fait leur chemin dans l'ombre, et que la bourgeoisie, qui dormait en paix sous l'égide de ces lois sévères, s'est trouvée trois ou quatre fois déjà précipitée tout à coup en pleine révolution, avant qu'elle soupçonnât le moindre danger. Ce système vient de la tradition catholique, profondément empreinte dans tous les esprits.

L'Église n'admet pas les dissidents; elle les brûle ou les damne. Les partis font de même quand ils peuvent : ils guillotinent leurs adversaires, ou du moins leur imposent silence. C'est la même intolérance, la même horreur de toute contradiction, de toute hérésie.

En Angleterre, pays de libre examen, on tient au contraire à ce que toute opinion un peu considérable ait une représentation officielle. N'a-t-on pas entendu récemment le chef du cabinet se féliciter de ce que la ville de Limerick venait de nommer au parlement un membre qui, sous le nom de *home rule*, ne demande rien moins que la sécession de l'Irlande et le démembrement du Royaume-uni (1)? Pareille per-

(1) Je reproduis ici les paroles prononcées par M. Gladstone à Aberdeen, le 26 septembre 1871, parce qu'elles nous donnent l'opinion de l'un des esprits les plus clairvoyants de notre temps, qui n'en compte plus guère. « Si quelques idées violentes se manifestent dans le pays, soyez sûrs que l'endroit où elles peuvent se produire avec le moins de danger est la chambre des Communes (Applaudissements). Je regrette qu'un grand collége semble momentanément sympathique à des idées qui sont inintelligibles pour moi; mais cette disposition étant donnée, je dis que c'est un grand bien pour le public quand les champions d'idées impraticables viennent les exposer devant les représentants du peuple. Ces idées sont soumises à la discussion, et quand le savant gentleman qui vient d'être élu prendra sa place au Parlement, nous ferons de notre mieux pour que toute cette question du *home rule* soit discutée à fond (Rires et bravos). »

spective est douloureuse pour tout bon patriote : elle l'est surtout pour les Anglais. Ils s'indignent qu'on puisse songer à un plan aussi abominable; mais ils veulent qu'il se produise au parlement afin qu'on en montre à tous l'absurdité.

Si M. Butt, l'élu de Limerick, avait vécu de ce côté-ci de la Manche, ce n'est pas, j'imagine, à Versailles qu'on l'aurait envoyé, mais à Cayenne.

Ce qui est de toute nécessité en France, c'est que les partis apprennent à se tolérer, à se respecter, à s'estimer même et à s'accorder les uns aux autres toutes les occasions pacifiques de se produire au grand jour. C'est à ce titre que les différents moyens de représenter équitablement les minorités méritent d'être étudiés.

CHAPITRE XXIX

DU SUFFRAGE A DEUX DEGRÉS.

Le suffrage à deux degrés paraît offrir de grands avantages quand le droit de voter appartient à tous les citoyens. En effet, dit-on, l'électeur des classes les moins éclairées, surtout l'électeur rural, est incapable de bien choisir le représentant qui peut le mieux défendre ses intérêts et gouverner le pays; il ne connaît pas les candidats; il ne peut les juger; il vote sans discernement, tantôt sur l'ordre du curé ou du préfet, tantôt d'après les décisions de quelque comité électoral. Il n'est donc qu'une machine, — machine dangereuse, car elle est très-puissante et très-aveugle.

Que ce même électeur ait à nommer trois ou quatre personnes de son village ou de son quartier, qui eux désigneront le représentant, et le résultat de l'élection sera beaucoup meilleur, chacun ayant fait ce qu'il est capable de faire. L'homme du peuple, le paysan connaît bien et juge sainement les gens à côté desquels il vit. Il choisira donc ordinairement des hommes honnêtes, sensés et dont il connaîtra les opinions. Ainsi son vote sera libre, réfléchi; ce sera l'acte d'un citoyen et non plus l'exécution d'une consigne imposée à un automate. Au lieu d'un escamotage, on aura l'expression de la volonté ou tout au moins de l'instinct du peuple.

Les délégués chargés de nommer le représentant, appartenant à une classe plus éclairée, pourront discuter entre eux les mérites des candidats, écouter les explications de ceux-ci et ainsi faire un choix, en connaissance de cause.

L'élection au premier degré fait apparaître l'opinion qui domine dans la circonscription. L'élection au second degré désigne celui qui est le plus capable d'exposer cette opinion et de la faire prévaloir; or c'est précisément ce que le peuple doit désirer.

Les divers partis existants dans le pays seront ainsi représentés plus fidèlement et par des hommes plus dignes de cette haute mission.

Voilà les avantages que le suffrage à deux degrés

pourrait effectivement présenter (1). Mais dans la pratique ils disparaissent en grande partie.

Si le peuple s'occupe avec ardeur de politique, et si les électeurs primaires prennent un vif intérêt à l'élection, ils auront d'avance fait choix d'un candidat, et ils choisiront les délégués, non pour qu'ils cherchent un représentant, mais pour qu'ils nomment le représentant désigné par eux. Chaque parti aura son candidat et les électeurs de ce parti devront, comme aujourd'hui, obéir au mot d'ordre du comité électoral, du curé ou du préfet, sinon les voix seront perdues. Ce qui se passe en Amérique pour l'élection du président en est une preuve sans réplique.

Les auteurs de la Constitution des États-Unis, séduits par la théorie du suffrage à deux degrés, indispensable surtout, semblait-il, quand il s'agissait de faire nommer un seul homme par toute la nation, ont adopté ce système pour élire le chef de la République. En fait, quand les électeurs du second degré sont désignés, l'élection est faite; on sait qui est élu. La réunion et le vote de ces électeurs est une simple formalité. Ils ne peuvent que déposer un bulletin qui leur a été imposé quand ils ont été choisis. Leur mandat est impératif, et il le sera partout et toujours, si les électeurs primaires attachent de l'importance au résultat de l'élection.

Si, au contraire, il y sont indifférents, alors c'est

(1) M. Taine vient d'exposer avec une grande netteté, dans une brochure récente, les imperfections du suffrage universel tel qu'il est pratiqué, et les avantages du suffrage à deux degrés.

que la vie politique manque, et dans ce cas il faudrait introduire le suffrage direct pour tâcher de la réveiller. Autrement, autant vaudrait supprimer le système électif.

Ainsi, ou bien le suffrage à deux degrés introduit un rouage inutile et donne exactement les mêmes résultats que le suffrage direct, et alors il constitue une complication superflue, ou bien il s'appuie sur l'indifférence aux intérêts publics et l'augmente, et dans ce cas mieux vaut n'accorder le vote qu'à ceux qui sont capables de l'exercer et qui y tiennent.

On cite en faveur du suffrage à deux degrés l'exemple du sénat des États-Unis, élu par les parlements des divers États, et toujours beaucoup mieux composé que la chambre des représentants élue par le suffrage direct. Et, en effet, les élections des sénateurs sont, de l'avis unanime, les mieux faites de toutes celles qui ont lieu aux États-Unis. Mais dans ce cas, le corps qui forme le second degré de l'élection, — c'est-à-dire les législatures de chaque État, — n'a pas été élu spécialement pour nommer les sénateurs. Les différents partis n'ont pu imposer à leurs représentants un mandat impératif, et ainsi les avantages qu'en théorie il faut reconnaître au suffrage à deux degrés sont réellement obtenus. Alors s'appliquent dans toute leur force les paroles suivantes de Tocqueville : « Il suffit que la volonté populaire passe à travers une assemblée choisie pour s'y élaborer en quelque sorte et en sortir revêtue de formes plus nobles et plus belles. Les hommes ainsi élus représentent toujours exactement la majorité de la nation qui gouverne; mais ils ne représentent que les pensées élevées qui ont cours au milieu d'elle, les instincts généreux qui l'animent, et non les petites passions qui souvent l'agitent et les vices qui la déshonorent... Je ne ferai pas difficulté de l'avouer; je vois dans le double degré électoral le seul moyen de mettre l'usage de la liberté politique à la portée de toutes les classes du peuple. Ceux qui espèrent faire de ce moyen l'arme exclusive d'un parti, et ceux qui le craignent, me paraissent tomber dans une égale erreur. » Pour obtenir les mêmes avantages parmi nous, il faudrait confier aux conseils communaux le soin de désigner les électeurs qui nommeraient les représentants, ou faire élire ceux-ci par tous les conseillers communaux réunis dans leurs comices. Les choix seraient-ils meilleurs? Peut-être. Mais plusieurs inconvénients sont à signaler.

Premièrement, le contrôle direct que la nation exercerait sur ses affaires serait diminué et par suite l'activité politique le serait aussi.

Secondement, il faudrait choisir les conseillers communaux, non en raison de leur aptitude à bien administrer les affaires communales, mais en vue du vote qu'ils ont à émettre pour l'élection des représentants, et ainsi l'intérêt d'une bonne administration locale serait sacrifié à la lutte des partis.

Troisièmement, plus il y a de degrés d'élection, moins les minorités ont chance d'être représentées. Ainsi, en Amérique, la législature de chaque État peut contenir une minorité très-nombreuse sans qu'elle puisse se faire représenter au sénat central; car c'est la majorité qui nomme les deux sénateurs que chaque État envoie au Congrès. Et ainsi les minorités sont aussi complétement annulées que si elles n'existaient pas. C'est donc principalement avec le vote à plusieurs degrés qu'il est indispensable d'adopter quelque combinaison pour représenter la minorité.

En résumé, quand dans un pays le droit de voter n'a été accordé qu'à ceux qui sont capables de l'exercer, le suffrage à deux degrés n'est point nécessaire. Mais quand on a décrété le suffrage universel chez un peuple où l'ignorance est encore générale, le vote à deux degrés peut être un moyen de remédier à une grande faute. Si, par exemple, en France, le tableau que tracent certains écrivains, et notamment M. Taine, des électeurs ruraux, est exact, en attendant qu'on les instruise, il serait bon d'adopter ce système malgré ses inconvénients, car il paraît urgent de restreindre le pouvoir qu'ont des masses ignorantes de perdre le pays par leurs votes irréfléchis, leurs déplorables engouements ou leurs paniques sans motif.

CHAPITRE XXX

DANS UNE RÉPUBLIQUE PLUS QUE DANS UNE MONARCHIE IL FAUT DEUX CHAMBRES.

Faut-il qu'il y ait une chambre ou deux chambres ?

La question a été souvent discutée, mais il faut la reprendre à nouveau, parce que la plupart des arguments que l'on a fait valoir pour l'une et l'autre opinion ne peuvent plus guère être invoqués aujourd'hui.

Ainsi on a dit avec Montesquieu : Il y a dans la société des familles puissantes qui ont la richesse, les honneurs, un nom historique ; il faut leur donner une représentation spéciale, sinon elles seront les ennemies de l'état des choses que vous établirez. « La liberté commune serait leur esclavage. »

M. Guizot a repris l'idée de Montesquieu dans son étude sur *la Démocratie en France*. Il y a d'après lui deux types principaux de situation sociale, « celle des hommes vivant du revenu de leurs propriétés foncières ou mobilières, terres ou capitaux, et celle des hommes vivant de leur travail, sans terres ni capitaux. » A chacun de ces deux éléments essentiels et éternels de toute société, il faut une représentation distincte, sinon l'un sera sacrifié par l'autre, et l'on aboutira à la spoliation, à l'anarchie.

Je ne connais pas de théorie plus dangereuse que celle-là et mieux faite pour perdre ce que l'on veut sauver.

Quoi de plus imprudent que de déclarer que les intérêts du capital et du travail sont hostiles, et d'instituer deux chambres rivales pour les représenter?

La propriété est menacée, dit-on; il s'agit de la défendre, et, pour y parvenir, on réunit dans une assemblée les grands propriétaires du pays, afin qu'ils puissent protéger leurs intérêts qu'on déclare opposés à ceux des travailleurs. On les abandonne sans contre-poids à l'aveuglement de leur égoïsme et aux sottises qu'inspire la peur. Ils ont mission officielle d'arrêter toute mesure démocratique, c'est-à-dire utile au grand nombre. On organise donc constitutionnellement la lutte des riches et des ouvriers, et l'on parque les premiers à part dans une chambre aristocratique, comme si on voulait les désigner aux colères populaires.

Je doute que l'on s'y prît autrement, si l'on visait à donner des armes au socialisme et à échauffer les haines du prolétariat.

Comment! vous voyez le flot démocratique qui, vous l'avez dit vous-même, coule à pleins bords; il bouillonne dans l'Europe entière, il monte et menace de tout envahir; il agite dans les classes inférieures les passions les plus ardentes et les plus générales, il soulève les nations et renverse les trônes: toutes les forces de la société, concentrées en un seul faisceau et toutes ses armes en une seule main sont impuissantes à le contenir en ses jours d'emportement, et à ce flot, à cet océan qui avance, vous voulez opposer quoi? une réunion de quelques privilégiés, dont le principal titre au pouvoir dont ils disposent est qu'ils sont riches et vieux!

Une semblable théorie est jugée aujourd'hui. Il ne faut pas admettre que les riches aient un intérêt distinct de celui de la nation, ni leur accorder à ce titre une représentation spéciale; nulle part ils ne se défendront plus efficacement que dans la chambre basse.

On a prétendu aussi qu'une chambre haute était un boulevard nécessaire pour le trône et pour la société. On ne peut plus se faire cette illusion.

La chambre des pairs et le sénat ont-ils retardé d'une minute la chute de Charles X, de Louis-Philippe et de Napoléon III? « La chambre des pairs, a dit M. Duvergier de Hauranne, n'a ni sauvé, ni perdu le gouvernement de Louis-Philippe, par une raison fort simple, c'est qu'elle n'existait pas. » Et, en effet, une ligne insérée au *Moniteur* a suffi pour faire disparaître une institution sans racines dans les mœurs, sans fondements dans l'organisation sociale.

Quant au sénat du second Empire, il y a plus encore, nul ne peut dire comment il a cessé d'exister.

Une chambre aristocratique en temps ordinaire est un grand danger, parce qu'elle suivra et fera suivre par la couronne une politique rétrograde; elle provoquera ainsi les révolutions, et, au jour du danger, elle n'apportera aucune force pour défendre la dynastie ou l'état social, l'expérience l'a démontré.

Les raisons invoquées d'ordinaire en faveur d'une chambre unique sont également sujettes à révision.

Voici la principale de ces raisons, elle est de Sieyès : « La loi est la volonté du peuple ; un peuple ne peut pas avoir en même temps deux volontés différentes sur un même sujet; donc le corps législatif, qui représente le peuple, doit être essentiellement un. »

M. Laboulaye a répondu que la loi serait toujours une et représenterait la volonté du peuple, quel que soit le mode employé pour la constater; mais cette réponse est insuffisante. Il faut attaquer l'erreur jusque dans sa racine, et c'en est une très-dangereuse de dire que la volonté du peuple est la loi.

En toutes circonstances, il y a un règlement qui est le plus conforme à l'intérêt général, et il y a une résolution à prendre qui est la meilleure; c'est ce règlement qu'il s'agit de découvrir et de proclamer sous forme de loi ; affaire de science, non de volonté.

Si l'on veut avoir un bon gouvernement, il faut organiser le pouvoir législatif de façon qu'il puisse découvrir la loi, et non rechercher la volonté populaire.

Sans doute, quand le peuple a quelques lumières, il faut que les pouvoirs sortent de l'élection populaire, parce que autrement ils favoriseraient les privilégiés, ce qui serait contraire à la justice; mais une fois constitués, ces pouvoirs ont pour mission de chercher et de décréter ce qui est favorable au bien général ; ils ne sont pas élus pour obéir aux caprices et à l'ignorance de la foule.

La loi ne doit pas être l'expression de la volonté du peuple, par la raison très-simple que le peuple, n'entendant absolument rien aux questions débattues, ne peut avoir de volonté à ce sujet.

Ainsi, en France, il s'agit maintenant de lever de nouveaux impôts : que veut le peuple? Probablement ne rien payer du tout, et, quant au système financier le moins désastreux, il n'en a pas la moindre idée.

Quand on admet que les lois sociales et politiques sont, comme les lois mathématiques, affaire de science et d'observation, le syllogisme de Sieyès perd toute valeur.

Le XVIIIe siècle invoquait sans cesse la volonté comme source du droit, le XIXe parle plus volontiers de science. J'estime qu'il a raison.

Un peuple sensé dira : Je veux être gouverné par les meilleures lois possibles; comme je suis incapable de les découvrir, je nommerai à cet effet des gens spéciaux, de même que, pour avoir des chemins de fer, je m'adresse à des ingénieurs, et ces législateurs que je nommerai, je les distribuerai en une ou en deux chambres, suivant le système que l'expérience aura fait connaître comme le plus favorable à la confection de bonnes lois.

La politique est en grande partie une science d'observation; c'est ce que n'ont jamais compris les démocrates français de l'ancienne école. Or l'observation montre qu'avec deux chambres on gouverne mieux et on fait de meilleures lois qu'avec une seule.

Deux grands pays ont principalement donné au monde le spectacle de la liberté populaire garantie par le régime représentatif, l'Angleterre et les États-Unis. Tous deux, l'un une monarchie, l'autre une république, ont adopté la dualité des chambres.

L'exemple de l'Amérique est surtout digne d'attention. Ce n'est pas le congrès fédéral seul qui a deux chambres, afin que les États particuliers y soient représentés; chacun de ces États en a deux également.

La république noire de Libéria, qui marche très-bien quoique peuplée uniquement de nègres, a suivi l'exemple des États-Unis. En 1786, la Pensylvanie, conformément à l'avis de Turgot, adopté par Franklin, essaya d'une chambre, mais elle se vit bientôt forcée d'y renoncer.

Comme le dit le publiciste américain Lieber, le système des deux chambres est un article de foi anglican.

Les Américains n'ont pas adopté une seconde chambre pour qu'elle représente la fortune, l'esprit de conservation ou pour qu'elle serve de rempart à l'exécutif, comme l'ont voulu sur le continent certains esprits éminents, mais aveuglés sur le mouvement de notre siècle; ils ont obéi à une raison plus forte, qui a même entraîné M. Mill, qu'on n'accusera pas d'être trop conservateur. Cette raison, la voici.

Tout pouvoir que rien ne limite ne tarde pas à devenir tyrannique. Il ne souffre aucun obstacle à ses volontés arbitraires. Il frappe les minorités et veut briser toute résistance.

Le despotisme d'une assemblée est encore plus à redouter que celui d'un monarque; celui-ci sera souvent arrêté par le sentiment de sa responsabilité soit devant son peuple, soit devant l'histoire. Une grande réunion d'hommes ne connaît pas ce sentiment : rien ne la modère, la responsabilité étant nulle. Si elle sent qu'elle peut tout faire, elle ne s'arrêtera devant rien, *sic volo, sic jubeo, sit pro ratione voluntas.* La théorie de la souveraineté de la volonté populaire sera appliquée dans toute sa rigueur.

Pour la plupart des démocrates français, la liberté consiste à prendre part au gouvernement. Pourvu que le peuple entier vote et que ses élus gouvernent, cela suffit. Pour les Anglo-Saxons, la liberté consiste dans les obstacles opposés à l'arbitraire du gouvernement; ils ne veulent de pouvoir sans contrôle nulle part.

« C'est, selon moi, dit M. Mill, une maxime fondamentale de gouvernement, qu'il devrait y avoir en toute constitution un centre de résistance contre le pouvoir prédominant, et par conséquent dans une constitution démocratique un moyen de résistance contre la démocratie. » Cela est nécessaire en France plus qu'ailleurs, parce que la centralisation place la direction de tous les rouages administratifs aux mains du pouvoir souverain. Supposez une assemblée unique, comme il n'y a nulle part corps indépendant ni centres de résistance légale, vous avez la plus parfaite organisation du despotisme sous le nom de république.

Un autre avantage d'une seconde chambre, c'est la nécessité qu'elle impose à la première de bien démontrer qu'elle a raison.

Tous les peuples libres ont toujours voulu qu'au-dessus des tribunaux de première instance il y eût des cours d'appel, parce qu'ils ont pensé qu'ainsi il y avait plus de chances d'arriver à un jugement équitable. Le même motif peut être invoqué en faveur d'une seconde chambre. Il y aura plus de chances ainsi d'avoir de bonnes lois.

La résistance que cette chambre peut opposer aux mesures votées par l'autre assemblée a une réelle utilité : celle-ci sera obligée, pour convaincre ses adversaires, d'approfondir la question, de l'étudier sous toutes ses faces, de montrer que sa décision est conforme à l'intérêt général et d'exciter en sa faveur un puissant mouvement de l'opinion publique. Or une loi médiocre, mais appuyée par l'opinion, sera plus efficace et portera plus de fruits qu'une loi meilleure, mais imposée par un décret ou un vote.

La discussion de la loi est souvent aussi utile que la loi elle-même. Il ne suffit point de réclamer une réforme, l'important est d'y gagner les esprits. Tel est le genre de service que la chambre des lords rend à l'Angleterre. Elle repousse une fois, deux fois, une mesure votée par la chambre des communes ; une agitation en résulte : le pays s'enflamme pour la réforme, et les pairs finissent par céder.

L'opposition des lords sert à rendre populaires les mesures qu'ils rejettent.

L'obligation où se trouvent les deux chambres de s'entendre pour faire la loi leur communique à toutes deux un esprit de conciliation et de transaction, car elle leur impose des concessions réciproques. Or cet esprit est indispensable à la pratique des institutions libres. Comme il y a toujours deux partis au moins en présence, il faut, autant que possible, que la majorité tienne compte des objections et des répugnances de la minorité, afin de ne pas la pousser à une opposition factieuse.

On a voulu que la chambre haute représentât l'esprit de conservation, et la chambre basse l'esprit de progrès : vieille et périlleuse théorie, car, dans un temps aussi impatiemment avide de réformes que le nôtre, ce serait vouer la chambre haute à une impopularité qui la perdrait irrémédiablement, avec ceux qui s'appuieraient sur elle.

Si l'on veut qu'une seconde chambre rende des services, il faut lui ménager la considération et le respect du pays.

Notre organisation politique et sociale demande d'ailleurs de si nombreuses réformes qu'il est bon que les deux chambres rivalisent d'activité sur ce terrain ; mais, ce qui est nécessaire, c'est que l'une des deux chambres représente plus spécialement la tradition, la sagesse, la science, la prévoyance, les qualités que donnent l'élévation de l'esprit et la connaissance des faits. Tel est le caractère du sénat des États-Unis, lequel jouit de bien plus de respect et d'autorité que la chambre des députés. Ce sénat n'a pas été institué pour barrer le chemin au progrès, mais plutôt pour éclairer sa marche, et jamais on ne l'a accusé de tendances rétrogrades.

Tout démocrate qui met le salut de son pays au-dessus d'un syllogisme de Rousseau ou de Sieyès doit bien considérer ceci : dans un régime démocratique où tous les pouvoirs, même l'exécutif, sont soumis à un renouvellement constant, il faut de toute nécessité qu'il y ait une institution où l'esprit de suite et de tradition puisse se concentrer, afin d'exercer son empire sur la marche des affaires. Cela est surtout indispensable pour la politique extérieure, sous peine de périr.

Sans doute, ici encore, il faut suivre l'exemple des États-Unis et s'abstenir de politique extérieure le plus qu'on peut, s'occuper beaucoup de ses propres affaires et point de celles des autres.

Cette abstention s'impose d'autant plus à la France que ses gouvernants lui ont toujours fait suivre à l'extérieur une politique sans suite et pleine de contradictions.

La restauration fait la guerre d'Espagne pour défendre la légitimité, et la guerre de Grèce pour faire triompher la révolution.

Sous Louis-Philippe, on soutient Méhémet-Ali au risque d'une guerre européenne, on protége les libéraux en Espagne et les jésuites du Sonderbund en Suisse, et l'on se brouille avec l'Angleterre pour un mariage, insigne puérilité qu'on a payée cher.

La république de 1848 va à Rome pour renverser la république italienne.

Sous Napoléon III, les contradictions touchent la démence. On veut faire l'Italie sans défaire le pouvoir temporel, et l'on se fait exécrer par les Italiens dans la Péninsule et par les prêtres dans le monde entier; après avoir humilié la Russie, on inquiète l'Angleterre qu'on force à armer ses volontaires et ses cuirassés; on va au Mexique pour arrêter les progrès de la race anglo-saxonne, et l'on perd ainsi l'amitié des États-Unis; enfin, pour comble d'insanité, après avoir élevé de ses propres mains la prépondérance de la Prusse, en aidant par deux fois à morceler l'Autriche, on attaque la Prusse dont on vient de favoriser la rapide croissance.

La conséquence inévitable de cette politique de contradiction, c'est que la France, au jour de l'épreuve, ne peut espérer l'appui d'aucun de ces États qu'elle a successivement vaincus, humiliés, menacés, démembrés ou inquiétés. Aujourd'hui même, — attitude illogique, — on s'aliène l'Italie sans satisfaire le pape.

Si la France a toujours eu une politique extérieure dépourvue de suite et même de sens commun, cela tient à une cause profonde.

Faust disait : J'ai deux âmes. La France aussi porte dans son sein deux esprits qui se combattent, l'esprit de la révolution et l'esprit de l'ancien régime. Suivant que l'un ou l'autre triomphe, ou qu'on veut satisfaire l'un ou l'autre, on part en guerre, tantôt pour la théocratie et tantôt pour la liberté.

Que Henri V l'emporte, et il fera une croisade à Rome.

Que le bonnet rouge règne à Paris, et l'on voudra aller le planter à Vienne, à Berlin et à Moscou.

Ah ! si la France s'était abstenue de toute politique étrangère, et si elle s'était uniquement appliquée à développer les trésors de son sol et de son génie, quel fortuné pays et quelle heureuse influence il eût pu exercer !

Toutefois, maintenant qu'elle a subi les douloureuses conséquences des fautes incessantes que ses gouvernements lui ont fait commettre, il faut au moins qu'elle continue à conserver la position qu'elle occupe encore, et, pour cette tâche qui n'est pas aisée, ce n'est pas trop du concours d'une assemblée d'élite, renfermant ce que le pays possède d'hommes clairvoyants et sensés. Il faut donc absolument donner un organe à l'esprit de suite.

En politique, l'esprit de suite assure le succès. Celui qui en manque finit par succomber. Voyez les États aristocratiques, Rome, Venise, l'Angleterre, comme ils se maintiennent à travers les siècles !

Les États à souverain électif, et par suite à politique variable, ont succombé aussitôt qu'ils se sont trouvés en présence d'autres États où les mêmes vues se perpétuaient.

L'empire germanique était un corps impuissant que l'on dépeçait à volonté : la Prusse, avec sa « mission providentielle » poursuivie avec une âpre persistance, a fini par prendre sa place.

La Pologne était un puissant royaume quand la Russie était un camp tartare : la Russie a dévoré la Pologne. Elle a eu l'esprit de suite dont son infortunée victime a complétement manqué.

Voilà ce que nous enseigne l'histoire.

Les pays qui adoptent des institutions démocratiques doivent donner une large part du gouvernement à un corps possédant cet esprit qui fait la force des aristocraties, sinon ils ne pourront tenir tête aux États conduits par des cabinets qui poursuivent avec persistance les mêmes visées. Les États-Unis peuvent en ce point servir de modèle. Leur sénat a montré autant de perspicacité, de sagesse, d'habileté, que les cabinets européens.

CHAPITRE XXXI

DE LA COMPOSITION D'UNE SECONDE CHAMBRE ET DE SES DROITS.

Comment constituer la chambre haute ?

Plusieurs publicistes éminents ont proposé d'en faire nommer les membres par les conseils généraux des départements, et cette idée semble avoir obtenu de nombreuses adhésions. C'est le système en vigueur en Hollande, et il y donne de bons résultats. Seulement il ne faudrait limiter par aucune condition de cens ou de résidence le choix des conseils. Ceux-ci auraient le plus grand intérêt à se faire représenter par des hommes éminents jouissant d'une grande autorité, et il faut qu'ils puissent les choisir dans toutes les parties du pays et dans toutes les classes de la société.

M. le duc de Broglie voulait faire nommer les membres de la première chambre par les départements, « sur une liste où auraient figuré les vraies illustrations du pays, tous les premiers en ordre dans toutes les carrières publiques, toutes les fortunes considérables et consolidées. »

M. Prevost-Paradol a proposé de confier la nomination des membres de la première chambre à des assemblées régionales formées par la réunion des conseillers de plusieurs départements. Rien de mieux, je pense; mais je crois qu'ici il faudrait aussi employer un des moyens indiqués plus haut pour assurer la représentation des minorités.

Il serait essentiel aussi que les hommes les plus distingués des partis avancés entrassent dans la première chambre. Elle n'aura d'influence réelle que si elle ne prend pas un caractère exclusivement rétrograde, et si toutes les grandes opinions y sont représentées et y luttent. Il y faut la même vie, le même éclat que dans l'autre chambre, sinon elle ne sera qu'un rouage inutile comme le sénat et la chambre des pairs.

Aux 150 membres environ élus par les assemblées régionales, il faudrait adjoindre un même nombre de représentants des grands intérêts, des corps constitués, de certains services publics, de tous les centres organisés de la vie intellectuelle et économique du pays. Ainsi, par exemple, les chambres de commerce, l'Université, le barreau, l'Institut, le corps médical, les généraux au nom de l'armée, les officiers de vaisseau au nom de la marine, la diplomatie, nommeraient un certain nombre de représentants. Quelques très-hauts fonctionnaires pourraient être admis à titre personnel. Les corps d'élite nommeraient des hommes distingués, d'un esprit pratique et ayant des connaissances spéciales, ce à quoi l'élection populaire n'a pas assez d'égard.

C'est un vice reconnu de la démocratie de ne pas faire arriver au pouvoir les hommes qui sont le plus dignes et le plus capables de l'exercer. Aux États-Unis, la chambre basse est en général mal composée, tandis que les sénateurs, nommés par les États, sont presque tous des politiques éminents.

Si l'on veut assurer au pays le service des hommes qui sont le plus à même de bien diriger les affaires publiques, il faut s'adresser ailleurs qu'au suffrage universel.

Beaucoup de socialistes sont dégoûtés des résultats de l'élection ordinaire, et ils réclament ce qu'ils appellent la représentation du travail, c'est-à-dire des représentants élus par les différents groupes industriels et agricoles, la métallurgie, les mines, le coton, la soie, la viticulture, le commerce, et ainsi du reste. L'idée a du bon. Sismondi, dans ses études sur les constitutions libres, l'a préconisée, et il a rappelé que les communes du moyen âge en Italie, en Flandre, constituaient ainsi leur magistrature. En élargissant le système, et en appelant au gouvernement de l'État les représentants des industries, des fonctions, des services et des académies, on obtiendrait ce qui manque d'ordinaire à la chambre populaire, les connaissances spéciales. Les membres des deux assemblées devraient d'ailleurs être rétribués de même.

Je ne crois pas qu'il faille accorder à aucune des deux chambres le droit de rejeter indéfiniment un projet voté par l'autre chambre. C'est un droit dont la chambre des lords jouit en Angleterre, mais elle en fait rarement usage, parce qu'elle est assez clairvoyante pour comprendre que l'usage de son privilége mettrait bientôt son existence même en danger.

En France, deux choses seraient à craindre, d'abord que la chambre récalcitrante ne sût point céder à temps, l'esprit de transaction ayant toujours manqué aux assemblées françaises; ensuite que l'opinion ne supportât pas l'usage d'un *veto* absolu et définitif.

Si l'on veut éviter la chance d'une révolution, il faut trouver un moyen légal de vaincre la résistance trop prolongée de l'une des deux chambres.

On peut d'abord faire nommer par chacune d'elles des commissaires chargés de trouver un moyen terme accepté de part et d'autre ; mais, si ce moyen échoue, et si un même projet de loi, voté deux fois dans deux sessions successives par l'une des chambres, a été rejeté deux fois par l'autre, la question devrait être décidée à la majorité absolue, dans une séance plénière à laquelle assisteraient les membres des deux assemblées. C'est là une disposition de la constitution du Brésil : elle est très-sage, et surtout parfaitement appropriée à la situation présente.

CHAPITRE XXXII

NULLE ASSEMBLÉE DÉLIBÉRANTE NE DOIT ÊTRE TRÈS-NOMBREUSE.

Pour la chambre des députés, je n'aurais guère qu'une réforme à proposer, mais je la considère comme très-importante : il faudrait réduire à 300 environ le nombre de ses membres.

La constitution des États-Unis offre encore en ce point un exemple qui mérite d'être étudié.

Le but constant du législateur a été de limiter le nombre des représentants en des bornes très-étroites. Ce nombre ne s'est pas accru en proportion de la population, et il a même été réduit. En 1789, la chambre comptait 65 membres pour 4 millions d'habitants. En 1802, il a été fixé à 244 pour plus de 30 millions d'habitants. En 1833, on l'avait réduit de 240 à 223. A chaque nouveau cens, les anciens États voient diminuer le nombre de leurs représentants, parce que l'augmentation de la population y a été moins rapide que dans les États nouveaux. Ainsi New-York est tombé de 40 à 31, le Massachusetts de 20 à 10, la Virginie de 23 à 11. Tous les États ont accepté cette mesure qui semblait diminuer leur importance, parce qu'ils étaient convaincus de sa nécessité. C'est une grande preuve de sagesse politique.

Les dispositions de la loi américaine sont fondées sur une appréciation très-juste des conditions dans lesquelles une assemblée délibérante peut le mieux remplir sa mission. C'est grâce à cette excellente précaution que nous voyons aux États-Unis une chambre, souvent troublée par les scènes les plus grossières, adopter d'ordinaire des mesures très-sages, et les débats les plus orageux aboutir à des transactions qui révèlent un grand esprit de modération.

Dans une réunion très-nombreuse, un homme éminent, s'il a la voix faible et des idées différentes de celles de la majorité, parviendra difficilement à se faire écouter. Il suffit de ces sourds murmures que le président le plus sévère ne peut réprimer, pour empêcher l'orateur d'être entendu, tandis que s'il est doué d'un organe sonore, il se fera comprendre malgré tout, quand même il n'aurait à débiter que des lieux communs creux, mais retentissants, et ainsi la puissance des poumons l'emportera sur la force de l'esprit.

Une assemblée nombreuse a les entraînements de la foule.

La foule est soumise à des impressions communicatives, soudaines, électriques. Ce qui agit sur elle c'est le langage des passions, tantôt celui des passions élevées et généreuses, tantôt celui des passions désordonnées ou aveugles, mais toujours celui des passions. La foule a horreur des tempéraments, elle se porte du premier coup aux extrêmes, parce que chaque impulsion se fortifie et s'accélère en raison de la masse de ceux qui la partagent.

Réunissez dans une même salle sept ou huit cents individus très-sensés, il est à craindre qu'ils ne fassent plus d'une sottise.

En tout pays, quelque riche qu'il soit en hommes capables de diriger les affaires publiques, il est déjà très-difficile de trouver 300 députés préparés à exercer une si haute fonction. Croit-on qu'en leur adjoignant 400 collègues médiocres on renforce le système parlementaire ? On l'affaiblit toujours, parfois on le déconsidère et on le tue.

Sera-ce au nom des minorités qu'on réclamera une représentation nombreuse ?

Sans doute il est désirable que toutes les opinions, même les nuances les plus extrêmes, soient représentées au sein du parlement, afin que toutes soient jugées au grand jour de la discussion publique. Mais il est dans l'intérêt des partis aussi bien que du pays que ces opinions aient pour organes ceux qui les défendront le plus dignement.

La force relative des partis restant la même, les minorités exerceront plus d'influence, si elles sont représentées par quelques orateurs éloquents, au lieu de l'être par tout un groupe d'hommes impatients, indisciplinés, et provoquant l'irritation de la majorité.

Dans une assemblée de 300 membres, un orateur sensé se fera écouter même s'il blesse les convictions du plus grand nombre ; mais sont-ils 800, les conversations particulières, à défaut même des interpellations ou des couteaux de bois suffiront pour le réduire au silence.

Un homme supérieur rend plus de service aux idées nouvelles que cinquante énergumènes. M. Mill, pendant son court passage au parlement, l'a bien prouvé.

Est-ce au nom de la démocratie qu'on s'élèvera contre la mesure qui restreint le nombre des représentants ?

Mais qu'on veuille bien le remarquer, c'est précisément dans l'État le plus démocratique que cette mesure a été appliquée avec le plus de rigueur. Aucun grand État n'a eu des assemblées moins nombreuses que les États-Unis.

La grande république, avec son immense territoire et ses 40 millions d'habitants, est gouvernée par 74 sénateurs et 241 représentants.

Les républicains français ont généralement voulu des assemblées très-nombreuses, sans doute pour suivre les traditions de la révolution, mais le système a toujours si mal réussi qu'on devrait bien y renoncer.

On peut désirer augmenter le nombre des électeurs, parce qu'au moyen de leur vote ils défendront mieux leurs intérêts, mais à quoi bon augmenter le nombre des représentants ? La force relative de l'opinion démocratique restera toujours la même et les affaires seront moins bien administrées.

Ce sont surtout les institutions démocratiques qui ont besoin que la raison l'emporte sur les passions.

En résumé, la prompte expédition des affaires, la bonne police des assemblées, la nécessité de faire triompher le bon sens sur l'imagination, l'intérêt des minorités et celui de la démocratie, toutes ces considérations s'opposent à ce que l'on ait des assemblées délibérantes nombreuses.

CHAPITRE XXXIII

DU RENOUVELLEMENT PARTIEL DES CHAMBRES.

Faut-il renouveler les chambres intégralement ou partiellement ? On a proposé de fixer la durée du mandat pour la première chambre à huit ans, avec un renouvellement par moitié tous les quatre ans, et la durée du mandat pour la seconde chambre à quatre ans, avec réélection de la moitié tous les deux ans ou même avec un renouvellement annuel par quart ou par cinquième.

Je pense que, dans un pays qui a traversé autant de crises que la France, le renouvellement partiel est préférable : voici pourquoi.

Dans une chambre qui se renouvelle partiellement un certain esprit de tradition se conserve. Les anciens le maintiennent et agissent sur les nouveaux venus. Il n'y a point de changement brusque ; or la politique pas plus que la nature n'aime les soubresauts.

En tout il faut procéder avec ménagement et par transitions. L'histoire parlementaire en France n'a eu que trop de coups de théâtre et de changements à vue. En second lieu, avec le renouvellement partiel, l'agitation électorale n'embrasse pas tout le pays. La moitié des départements voterait tous les deux ans ou bien le quart ou le cinquième chaque année. J'ai entendu proposer de faire voter tous les départements pour la moitié de leurs représentants; ce serait le pire des systèmes, car on aurait une agitation générale très-fréquente, et les représentants restants, si les élections amenaient de nouveaux députés d'une autre opinion, n'auraient plus qu'à donner leur démission, car ils auraient cessé d'être en communauté d'opinion avec leur collége électoral.

Les élections partielles sont un avertissement ; les élections générales sont fréquemment tout une révolution. On n'a qu'à se souvenir de celles du mois de mai 1870 en France. Pour ce motif on pourrait préférer le renouvellement par cinquième avec un mandat de cinq ans. Ainsi le cinquième des départements voterait chaque année, et le renouvellement se ferait insensiblement.

La république doit éviter tout ce qui peut provoquer une agitation générale et profonde, car le pays ne le supporterait pas.

Les républicains voudraient transformer leur régime de prédilection en un état permanent de fièvre et d'excitation. C'est le moyen assuré d'empêcher les institutions républicaines de jamais prendre racine,

Il faut partir de ce principe que nos sociétés actuelles, industrielles et laborieuses, n'accepteront jamais un régime qui ne donne pas la sécurité durable dont l'industrie et le travail ont besoin. Donc ceux qui cherchent constamment à agiter le pays, comme le fait le parti qui récemment demandait la dissolution de l'assemblée nationale, sont les ennemis de la république.

En France la république existe, et pour la renverser il faudrait un violent effort accompagné de périls immédiats et de périls éloignés. La bourse semble le comprendre, car elle baisse chaque fois que le régime actuel semble menacé ou ébranlé. Donc plus les institutions nouvelles donneront au pays de sécurité et même de repos, plus elles auront chance de durer.

Si elles ne lui donnent ni l'un ni l'autre, la nation rétablira la monarchie, au risque d'une révolution presque inévitable avant vingt ans et de la guerre extérieure à plus courte échéance.

CHAPITRE XXXIV

DU POUVOIR EXÉCUTIF.

Considérons maintenant l'organisation du pouvoir exécutif.

En 1848, on a imité les États-Unis, et l'on a confié au suffrage universel le soin de nommer le président de la république. Il fallait être bien aveugle pour ne pas voir que c'était se livrer à un maître.

Dans un pays à traditions monarchiques, le président élu directement par le peuple tiendra dans ses mains le sort de l'assemblée nationale. Pour l'étouffer, il n'a qu'un ordre à donner.

Le peuple ne comprend bien que le pouvoir réprésenté par une personne ; à ses yeux, le pouvoir impersonnel d'un corps délibérant est une ombre.

Le chef du pouvoir exécutif nomme à toutes les places, commande l'armée, négocie avec les gouvernements étrangers : quelque nom que vous lui donniez, il est le souverain. Le peuple ne connaît que lui ; — avec quelque habileté il gagnera l'armée et les fonctionnaires. Si, à l'expiration de son mandat, il quitte le fauteuil, c'est qu'il a eu assez de vertu ou trop peu d'ambition pour avoir voulu le transformer en un trône.

Indiquez, si vous le pouvez, les limites du pouvoir dont dispose M. Thiers, et pourtant il a été nommé par l'assemblée et il ne porte point l'épée.

Confiez l'élection au peuple, il nommera un prince ou un général, et l'élu sera roi quand il lui plaira. Quel qu'il soit, eût-il commis des actes à le faire enfermer à Charenton, pourvu qu'il ait un nom historique, la foule l'applaudira.

Il faut donc que ce soit le parlement qui nomme le président : c'est probablement pour rendre hommage à cette vérité que l'assemblée nationale a choisi, en 1870, pour présider ses débats, l'homme prévoyant, dont l'amendement, s'il avait été adopté en 1848, aurait épargné à la France les hontes et les désastres du régime impérial.

Il faut que le président soit nommé pour un terme assez long, six ans par exemple. Il doit être indéfiniment rééligible, afin qu'il puisse être ordinairement réélu.

L'élection du président par le peuple tous les quatre ans provoque aux États-Unis une crise périodique si intense, que les peuples européens n'en supporteraient point de pareille. Cela suffirait pour les dégoûter du régime républicain.

Le président Lincoln a dit à ce sujet un mot simple, mais plein de sens : « Ce n'est pas quand on est au milieu du gué qu'il faut changer de chevaux. » La France se trouve engagée dans un terrible gué, et probablement pour quelque temps encore.

La crainte qu'inspire à tous l'éventualité de la retraite ou de la mort de M. Thiers fait comprendre la crise que provoque nécessairement un changement de président dans un pays centralisé comme la France.

La Suisse change de président sans qu'on s'en aperçoive. C'est à peine si elle a un fonctionnaire qui mérite ce nom ; mais en Suisse la compétence du pouvoir central est presque nulle.

En France, elle est universelle, immense, illimitée, peut-on dire. Il faut absolument que le parlement ait un moyen légal et facile de révoquer le président, car les tentatives et les encouragements à l'usurpation ne lui manqueront pas (1). La chambre haute devrait pouvoir le destituer sur la demande de la chambre basse.

Le président ne doit point paraître dans les chambres ; son intervention personnelle ôterait la liberté aux délibérations et l'exposerait à des échecs qui diminueraient son autorité et rendraient sa position difficile. Il faut qu'il se résigne à la position de haute impartialité d'un roi constitutionnel et qu'il accepte les ministres que la majorité lui indique.

Cette nécessité peut paraître dure et souffrira des difficultés dans la pratique.

Aux États-Unis même, les ministres ne paraissent pas aux chambres ; ils sont plutôt des chefs de bureau, et comme tels ils ne sont point imposés par la majorité. Un cabinet parlementaire responsable, et un gouvernement de majorité paraît cependant essentiel au régime représentatif. Ce n'est que par ce moyen que le pays peut effectivement diriger ses affaires, par l'intermédiaire de ses représentants. Mais il présente l'inconvénient des crises ministé-

(1) Voici ce que dit à ce sujet M. Mill : « Je n'ai pas supposé le cas où un grand pouvoir centralisé entre les mains du premier magistrat et l'attachement insuffisant du peuple pour les institutions libres donneraient à ce magistrat la chance de réussir dans une tentative pour renverser la constitution et usurper le pouvoir. Où existe un tel danger, il ne doit pas y avoir de premier magistrat que le parlement ne puisse réduire d'un seul vote à la condition d'homme privé. Dans un état de choses où ce manque de foi n'est pas impossible, cette prérogative du parlement, si énorme qu'elle paraisse, n'est même qu'une faible sûreté. » — *Le gouvernement représentatif*, Chap. 14.

rielles, et il fait passer l'autorité réelle aux mains du corps législatif.

Aux États-Unis, le législatif et l'exécutif agissent chacun dans une sphère plus séparée, et les affaires s'administrent avec plus de suite. Le système américain a des avantages, mais je ne sais s'il fonctionnerait bien en Europe. La contrefaçon qu'on en a essayée en France n'a pas réussi.

Le président aura-t-il le *veto?* Il ne faut pas craindre de le lui accorder. L'intérêt de sa réélection l'empêchera d'en abuser. C'est un moyen qu'il ne faut point négliger de contre-balancer l'omnipotence des chambres.

Seulement, comme il peut arriver au fauteuil un homme à idées fixes, poussant l'entêtement jusqu'à provoquer une révolution, le *veto* devrait céder devant une majorité des deux tiers dans chacune des deux chambres.

Le président aura-t-il aussi le droit de dissoudre les chambres? M. Prevost-Paradol voyait dans la dissolution un rouage essentiel du régime représentatif, parce que c'était l'unique moyen de prévenir un désaccord prolongé et profond entre les chambres et le pays, et comme il ne croyait pas qu'un président pût en faire usage, il inclinait vers la monarchie. Ces vues me paraissent peu fondées.

Un désaccord entre les représentants et leurs électeurs n'est pas à craindre. Les députés ne sont que trop portés à obéir aux vœux de ceux qui les nomment, et leur mandat ne dure pas assez longtemps pour qu'un désaccord sérieux se prolonge; c'est là un danger imaginaire.

Ensuite, on ne voit pas pourquoi un président ne pourrait pas user de la dissolution aussi bien qu'un roi.

Il est nommé par la chambre; il ne peut donc la renvoyer, dit-on. Pourquoi pas, si cela est utile à la marche régulière du gouvernement.

Mais c'est lui reconnaître une supériorité, ajoute-t-on. En aucune façon, c'est lui accorder le droit essentiel de consulter le pays quand les circonstances l'exigent.

Un appel au pays est utile, nécessaire même, quand il n'y a point de majorité, et qu'ainsi un ministère ne peut ni se constituer ni gouverner.

Aux États-Unis, où il n'y a pas de cabinet parlementaire, la dissolution est inutile, mais elle paraît indispensable pour la marche d'un gouvernement de majorité.

Il ne faut pas que deux pouvoirs constitués ou deux fractions de la chambre puissent se tenir indéfiniment en échec, sans un moyen régulier de sortir d'une semblable impasse. Sinon les rouages du gouvernement cessent de fonctionner et toute la machine constitutionnelle est réduite à l'impuissance.

CHAPITRE XXXV

A CÔTÉ DES MINISTRES PARLEMENTAIRES NOMMÉS PAR L'EXÉCUTIF, IL FAUT DES MINISTRES PERMANENTS ÉLUS PAR LES CHAMBRES.

Le régime parlementaire appliqué sous la république me paraît exiger une réforme dont les institutions des États-Unis nous offrent l'analogue, mais qui n'est point conforme aux habitudes actuelles de l'Europe.

Un défaut grave du régime parlementaire, c'est l'instabilité des ministères. Cette instabilité est surtout très-fâcheuse pour certains services publics, où il est indispensable de suivre, pendant plusieurs années, un même plan et où il est impossible d'improviser des améliorations. Je citerai principalement les départements de la guerre, de l'instruction publique et des travaux publics.

Pour bien gérer ces départements, il faudrait des hommes tout à fait spéciaux, soustraits aux inquiétudes et aux vicissitudes des luttes parlementaires et assurés d'occuper leurs fonctions pendant un temps assez long.

L'avantage du régime despotique sous ce rapport, c'est que, quand le souverain est assez intelligent pour faire choix d'un bon ministre, il peut le maintenir en place tout le temps qu'il faut pour faire de grandes choses.

Avec le régime parlementaire tel qu'il est pratiqué en Europe, l'impuissance des ministères, qui se succèdent rapidement aux affaires, est parfois ridicule et parfois désastreuse.

Voyez ce qu'ont fait en Prusse Stein et von Roon pour la réorganisation de l'armée, Humboldt et von Altenstein pour celle de l'enseignement, et en Russie le prince Gortschakof, pour développer les ressources de l'empire, — et considérez en regard ce qui a été fait en France ou en Angleterre.

En France, depuis 1830, le département de l'instruction publique a fréquemment été aux mains d'hommes éminents, et pourtant combien les résultats obtenus ont été insignifiants. MM. Guizot et Duruy avaient commencé d'importantes réformes; ils ont quitté les affaires avant de rien mener à terme.

L'Angleterre, en ce moment, croit devoir réorganiser son armée. Elle n'aboutit à rien de sérieux, et elle n'a pu abolir l'achat des grades que par un coup d'autorité de la prérogative royale.

L'expérience prouve donc qu'un bon ministre, soutenu par un souverain éclairé, peut faire beaucoup plus de bien sous un régime despotique que sous un régime parlementaire.

Ce n'est pas une raison pour préférer le despotisme, qui maintient les peuples dans l'enfance ou qui les corrompt et les énerve; mais c'est un motif pour chercher s'il n'y a pas moyen, sous le régime parlementaire, d'introduire dans la direction de certains services publics l'esprit de suite qui y est indispensable.

Ce moyen nous est à peu près indiqué par ce qui se fait dans les États de l'Union américaine. La plupart des chefs de service ne sont pas des ministres sortant du jeu des majorités dans les chambres ; ce sont des hommes spéciaux, nommés les uns par le peuple directement, les autres par le Sénat ou la Chambre des représentants.

En Europe, il faudrait faire nommer par la chambre haute les chefs du département de la guerre, des travaux publics et de l'instruction publique ; ils resteraient en fonction jusqu'à révocation et seraient responsables devant le parlement ; ils ne prendraient point part aux débats parlementaires de tous les jours, mais une fois par an ils viendraient défendre leur budget.

Aux États-Unis, ce régime, quoique des élections populaires trop fréquentes y aient imprimé une excessive mobilité, a néanmoins amené à la direction des principaux services des hommes spéciaux qui ont fait d'excellentes choses.

En Europe, plusieurs avantages résulteraient de ce système.

D'abord les fluctuations des majorités parlementaires et les incessants changements des ministères cesseraient de mettre obstacle à toute réforme de longue haleine, et les institutions libres pourraient employer à la direction de leurs affaires autant d'esprit de suite et de connaissances spéciales que le fait parfois le despotisme.

En second lieu, les chefs de service élus, n'ayant pas à prendre part aux débats parlementaires, pourraient consacrer tout leur temps à l'étude des graves intérêts qui leur sont confiés, et cependant ils seraient responsables devant les représentants du peuple, condition essentielle du gouvernement représentatif.

Enfin, on romprait cette effrayante concentration de pouvoirs qui, quelque nom que porte l'État, république ou monarchie, est toujours le despotisme.

En France, le chef du pouvoir exécutif tient dans ses mains directement ou indirectement plus de six cent mille fonctionnaires; il les nomme partout, dans l'armée, dans la marine, dans le corps judiciaire, dans les ponts et chaussées, dans l'administration des finances et du fisc, dans les administrations locales. Peut-on laisser une puissance aussi exorbitante à un citoyen nommé président pour quelques années? N'est-ce pas lui procurer des facilités extraordinaires pour faire un coup d'État militaire, que de lui remettre le commandement de l'armée et la disposition de tous les grades?

Avec une pareille concentration de pouvoirs la république est impossible, et même une monarchie limitée ne le sera jamais que de nom.

Voulez-vous que le pouvoir exécutif sorte de l'élection comme en Suisse, réduisez ses attributions. Faire élire un président qui a autant de pouvoir qu'un autocrate est un contre-sens.

Une immense hiérarchie de fonctionnaires superposés, dépendant tous complétement du chef de l'État, telle est la forme de gouvernement que nous ont léguée Rome et Byzance. C'est le despotisme même. En France, Louis XIV et Napoléon ont porté ce régime à sa perfection.

Les peuples catholiques sont entraînés à y voir la forme naturelle du gouvernement et la condition nécessaire de l'ordre, parce que c'est ainsi que l'Église est maintenant constituée et gouvernée.

Le dogme de l'infaillibilité est le couronnement logique du système, car un souverain ne peut réclamer l'omnipotence que s'il n'est pas soumis à l'erreur.

Au moyen âge, dans les communes libres, beaucoup de services importants étaient confiés chacun à un comité spécial de bourgeois, disposant d'un fonds spécial ou d'une taxe spéciale et rendant compte de leur gestion au corps électoral.

Le même système est encore suivi en Angleterre et en Amérique. Nous en avons vu récemment une application nouvelle en Angleterre dans l'organisation de l'enseignement primaire, dont l'administration est confiée à des bureaux scolaires directement nommés par les électeurs.

Ainsi donc, on trouve dans le despotisme la hiérarchie, et dans les États libres, la division et même le fractionnement des pouvoirs.

En Amérique, ce n'est pas le bras de fer du pouvoir central qui maintient l'accord entre des autorités indépendantes, c'est la justice appliquant la loi, et ainsi ce sont les juges qui sont les régulateurs suprêmes de la machine politique.

Des ministres spéciaux élus par le parlement pour les trois départements de la guerre, de l'instruction publique et des travaux publics, pourraient rendre infiniment plus de services que des ministres de cabinet issus des luttes parlementaires et y restant mêlés.

Le pays qui adopterait ce système ferait bientôt plus de progrès que les autres. Il pourrait être appliqué avec avantage même dans une monarchie constitutionnelle. On arriverait ainsi à restreindre l'omnipotence du pouvoir exécutif, et par conséquent à prévenir les coups d'État.

CHAPITRE XXXVI

DE LA NÉCESSITÉ DES AUTONOMIES LOCALES.

Il est un autre moyen encore de tenir le despotisme en échec, c'est de séparer nettement ce qui est d'intérêt local de ce qui est d'intérêt général, et de confier la gestion des intérêts locaux à des administrations locales indépendantes et nommées par les citoyens. C'est ce que l'on appelle la décentralisation.

Cette idée est très en faveur aujourd'hui, mais on n'en fait que des applications trop timides.

Il faut aller, en France, jusqu'à rétablir les anciennes provinces, avec des assemblées régionales, en réunissant les départements qui, par les relations géographiques et l'identité des intérêts économiques, forment véritablement un groupe naturel.

Un régime fédéral plus ou moins étroit sera généralement adopté dans l'avenir, parce que c'est le seul moyen d'assurer l'union des races, et plus tard de l'espèce, sans briser les diversités locales et sans asservir les hommes à une étouffante uniformité.

Les libertés locales sont les seules que la plupart des hommes comprennent et qu'ils peuvent exercer à tous les degrés de civilisation.

Voyez les Russes et même les habitants de l'Inde et de Java; ils administrent leurs intérêts communaux de temps immémorial.

Les institutions locales, quand le pouvoir central ne les détruit pas de propos délibéré, comme en France, résistent à tous les changements politiques et aux convulsions sociales, parce qu'elles répondent à un besoin naturel.

Sans les libertés provinciales, le régime parlementaire ne donne que l'apparence de la liberté : au fond le despotisme subsiste, exercé tantôt par un monarque, tantôt par une assemblée.

L'autonomie des provinces est la citadelle de la liberté.

Autrefois, le pouvoir du souverain était limité par

la faiblesse de ses moyens d'action et par l'indépendance du clergé, de la magistrature, des villes et des provinces. Aujourd'hui, examinez la société française du haut en bas : vous ne trouverez nulle part une force indépendante capable de tenir tête au souverain. Ce régime, de quelque étiquette qu'on le décore, n'est que l'absolutisme tempéré par des révolutions périodiques.

L'histoire d'un peuple sans autonomies locales ne sera jamais qu'une alternative de convulsions et de défaillances.

Songez à la résistance énergique que la Bretagne, cette province si monarchique, a opposée à l'omnipotence royale.

Maintenant on renverse le trône ou on assassine le roi, mais la résistance légale, appuyée sur des droits et sur des traditions, est chose inconnue.

Si la Hongrie a su toujours défendre ses libertés contre les usurpations de l'absolutisme, c'est parce que l'indépendance des comitats a été respectée.

Fermant les yeux aux enseignements les plus clairs de l'histoire, les républicains français ne veulent à aucun prix des autonomies provinciales, et pourtant sans elles la république n'est qu'un vain mot, et elle réussira difficilement à se maintenir.

Les seules républiques qui, sans être de simples cités comme Athènes ou Sparte, ou des villes gouvernant despotiquement des pays conquis, comme Rome et Venise, aient assuré à tous une liberté réelle, ont été des fédérations.

Pour fonder la liberté, il faut d'abord réduire les attributions du pouvoir souverain, en constituant des autorités indépendantes qui puissent faire obstacle à ses entreprises; il faut, en second lieu, soustraire au pouvoir central la direction suprême des intérêts locaux.

On l'a dit avec raison, les institutions locales sont l'école primaire de la liberté; c'est dans les assemblées provinciales que les citoyens apprendront à comprendre à quel point la bonne gestion des affaires publiques importe à leurs intérêts privés. L'assemblée nationale agit trop loin d'eux, et l'effet de ses résolutions est trop difficile à démêler.

Le *self-government* local est pour un peuple la meilleure des éducations politiques.

Avec l'unité absolue qui règne en France, la même agitation envahit le pays entier et met tout en danger. Tous ont la fièvre en même temps. Ni contre un despote, ni contre une révolution, il n'y a de refuge nulle part.

Avec les autonomies locales, il n'en est pas de même. Chaque province a ses crises particulières qui ne se communiquent pas aux autres.

C'est ainsi que la Suisse et les États-Unis résistent aux orages de la démocratie. Une république unitaire y succomberait bientôt.

Les automonies locales sont l'accompagnement obligé du régime parlementaire. Sans elles, ce régime ne produit que d'assez médiocres résultats. Il donne même lieu à un mal politique spécial que les hommes d'État italiens ont étudié dans leur pays avec cette perspicacité qui les distingue.

Le parlement, ayant trop d'affaires à régler, les règle mal. L'enchevêtrement, l'opposition des intérêts, amène des crises ministérielles incessantes qui réduisent le gouvernement à l'impuissance.

Les travaux publics donnent lieu à une corruption politique d'une espèce nouvelle, d'où résulte un mauvais emploi des deniers de l'État. Pour s'assurer les suffrages de tel district ou de telle localité, on lui accorde un port, un chemin de fer, une église, un canal. Les autres districts réclament à leur tour, et ainsi des travaux très-peu nécessaires absorbent des sommes énormes et le budget est mis en coupe réglée.

Le gouvernement se fait, des travaux publics, distribués comme des faveurs, un moyen d'influence presque irrésistible dans les luttes électorales.

Cela n'a pas eu lieu en France seulement, mais en Italie, en Belgique et dans tous les pays où le régime parlementaire s'est trouvé combiné avec la centralisation administrative.

Sans doute il est certains travaux, embrassant le pays tout entier, qui ne peuvent être bien conduits que du centre; mais ils devraient former l'exception, et tous les autres devraient être exécutés par les provinces ou les communes intéressées. Les assemblées régionales posséderaient toute aptitude à cet égard. Elles seraient plus économes et auraient plus de connaissance des besoins locaux. Tocqueville a montré de quelle admirable façon les États du Languedoc avaient administré les intérêts généraux de cette province.

L'assemblée régionale aurait à approuver toutes les décisions communales qui maintenant vont s'instruire au centre. Le contrôle serait ainsi plus rapide et plus sérieux.

Il faut voir avec quelle inattention absolue l'assemblée nationale ratifie les emprunts votés par les villes pour comprendre combien cette formalité est illusoire.

Les conseillers provinciaux sauraient au moins ce dont il s'agit. M. Jacini a publié pour l'Italie (1) un projet de décentralisation régionale qui, en grande partie, pourrait s'appliquer aussi à la France.

En ranimant les différents foyers de la vie politique en province, on ramènerait l'activité aux extrémités, qui sont froides, et l'on dégagerait la capitale, qui est sujette à des attaques d'apoplexie périodique.

On reprochera peut-être à ce système de porter atteinte à l'unité nationale dont la France s'est montrée toujours si jalouse; mais ce danger n'existe pas l'expérience l'a démontré.

L'Espagne, la Hollande, la Belgique, ont respecté l'existence de leurs anciennes provinces, et l'unité de l'État n'en a nullement souffert.

Les provinces prussiennes, avec leur administration

(1) Voyez, *La Perseveranza*, 15 et 16 novembre 1870. — *Memoria dei Senatori Ponza di S. Martino et Stefano Jacini.*

et leur corps d'armée distincts, leurs institutions civiles souvent différentes, forment presque autant de cantons séparés, et pourtant dans aucun pays les forces de la nation ne sont plus entièrement à la disposition du pouvoir central.

L'unité dans deux ou trois grands services publics, l'armée et l'enseignement surtout, suffit pour assurer l'unité de l'État, dont le sentiment patriotique forme le véritable ciment.

Ç'a été une des erreurs de la révolution de croire qu'on fortifie le sentiment national en déracinant les coutumes locales et en proscrivant les traditions et les institutions provinciales (1). Le citoyen aimera d'autant plus sa patrie qu'elle lui assurera plus complétement la jouissance de son autonomie locale.

Le Suisse n'est si bon patriote que parce que la confédération respecte et garantit sa langue, ses droits, son caractère particulier. Qu'on essaye d'éta-

(1) Il est bon de rappeler à ce sujet les fortes paroles de Benjamin Constant dans son livre sur l'*Esprit de conquête*. « L'attachement aux coutumes locales tient à tous les sentiments désintéressés, nobles et pieux. Quelle politique déplorable que celle qui en fait de la rébellion ! Qu'arrive-t-il? que, dans tous les États où l'on détruit ainsi toute vie partielle, un petit État se forme au centre ; dans la capitale s'agglomèrent tous les intérêts ; là vont s'agiter toutes les ambitions : le reste est immobile. Les individus, perdus dans un isolement contre nature, étrangers au lieu de leur naissance, sans contact avec le passé, ne vivant que dans un présent rapide et jetés comme des atomes sur une plaine immense et nivelée, se détachent d'une patrie qu'ils n'aperçoivent nulle part et dont l'ensemble leur devient indifférent, parce que leur affection ne peut se reposer sur aucune de ses parties. »

blir l'uniformité, et le faisceau des cantons unis se brisera sous l'effort des résistances locales.

Necker proposait de généraliser et de régulariser les États provinciaux et de leur faire envoyer au centre des délégués qui auraient formé la haute chambre. L'idée était juste comme la plupart de celles qu'a émises cet homme d'un si éminent bon sens. Il faut la reprendre et établir des assemblées régionales.

CHAPITRE XXXVII

DES GARANTIES DE LA LIBERTÉ.

Pour fonder des institutions républicaines, il ne suffit pas de restreindre considérablement les attributions du pouvoir central, il faut encore assurer aux citoyens la jouissance des « libertés nécessaires ».

Chose étrange et triste, la France, qui a fait de si prodigieux efforts pour extirper de son sol tous les despotismes, n'a jamais joui pleinement d'aucune liberté, et les droits des citoyens ont toujours été à la merci de l'arbitraire des agents du pouvoir. La liberté de la parole et de la presse, la liberté de l'enseignement et de l'association, la liberté des cultes même, ont toujours été soumises à des entraves sans nombre, et livrées au bon plaisir de l'administration.

La liberté n'exclut pas l'action répressive de la justice, mais elle n'admet pas l'action préventive de la police. Or, c'est celle-ci qui a toujours dominé en France.

En Angleterre, au contraire, les droits publics ont presque tous été établis par des décisions des cours de justice, et en Amérique c'est le pouvoir judiciaire qui établit l'accord entre les différentes autorités indépendantes les unes des autres.

Depuis que la république est proclamée en France, le système des mesures arbitraires n'a pas été abandonné, il s'en faut. Ici, c'est un préfet qui fait saisir les presses d'un journal de l'opposition; ailleurs, un autre préfet déclare qu'il fera fermer tout lieu public où se signera une pétition demandant la dissolution de l'Assemblée, quoique le droit d'émettre des vœux soit le dernier qui reste même aux peuples asservis. Tantôt c'est un ministre qui défend les réjouissances à l'occasion de l'anniversaire du 4 septembre; tantôt c'est un général, qui donne l'ordre, à ses soldats, d'arrêter quiconque distribuera des brochures tendant à justifier le gouvernement déchu. Ces mesures, que je cite comme exemple, ont été généralement approuvées, parce qu'elles atteignaient des minorités détestées : on oublie qu'elles sont la négation de toute liberté.

Faire arrêter est un vrai gallicisme (1); ç'a toujours

(1) J'emprunte à un livre, peu connu, de M. Thiers, *les Pyrénées ou le midi de la France*, une anecdote qui peint admirablement cet esprit d'illégalité et d'arbitraire, que le défaut de responsabilité a développé de tout temps chez les fonctionnaires français. M. Thiers visitait, en 1822, le midi de la France. Arrivé dans une commune non loin des Pyrénées, il envoie, selon l'usage d'alors, le domestique

été, depuis les lettres de cachet, le dernier mot de l'autorité. Les membres de la commune passaient leur temps à se faire arrêter les uns les autres; c'était la parodie du système toujours suivi en France.

Pour mettre un terme à ce régime, il faut faire comme les Anglais, déclarer les fonctionnaires responsables de toute mesure illégale, qu'ils aient ou non obéi à des ordres supérieurs. La résistance à l'arbitraire, même par la force, est considérée en Angleterre comme parfaitement légale, et, s'il en résulte mort d'homme, c'est un simple homicide excusable. Le fonctionnaire qui a agi illégalement est condamné, et il ne peut se justifier en s'abritant derrière les ordres de ses chefs.

Cette législation peut avoir ses inconvénients; mais le pire de tous, pour un pays qui veut être libre, c'est d'être à la merci des décisions arbitraires du pouvoir.

Il faut d'abord proclamer les libertés nécessaires en quelques lignes claires et à l'abri de toute équi-

de l'hôtel chez le maire pour faire viser son passeport. Le maire, indigné que le voyageur ne se soit pas présenté en personne, l'appelle devant lui, et le dialogue suivant s'engage : « Je sais, monsieur le maire, ce qui vous est dû, mais j'ai suivi l'usage.—L'usage ! Savez-vous, monsieur, que pour la moindre chose je fais arrêter. Voyons ce passeport. Quoi ! il est pour Paris, et vous êtes dans les Pyrénées. — Vous savez, monsieur le maire... — Je sais que je connais mon métier. — Mais, pardon, d'après la loi... — La loi, vous n'avez pas à me l'apprendre, la loi, et je vous répète que pour la moindre chose je vous fais arrêter. » Cela fait penser aux réflexions si piquantes de Paul-Louis Courier, à propos de la lettre d'un procureur du roi commençant par ces mots : « Veuillez faire arrêter et conduire en prison... »

voque, en mettant à néant toutes les anciennes lois restrictives. Il faut ensuite que tout fonctionnaire qui ne respecte pas les lois soit responsable de ses actes et puisse être poursuivi devant la justice, sans autorisation préalable; c'est ainsi seulement que la liberté sera assurée, et qu'on répandra le respect de la légalité qui manque à tous les partis et qui a manqué à presque tous les gouvernements.

C'est en vain qu'on garantira la liberté dans des chartes sonores ; qui garantira ces garanties ?

En fin de compte, il n'y a qu'un moyen, c'est d'établir la responsabilité complète et sans exception de tout fonctionnaire civil ou militaire. Ce seront alors les tribunaux qui deviendront la sauvegarde de tous les droits, et, — comme cela doit être dans un pays libre, — la justice imposera à tous les pouvoirs le respect des lois.

Les seuls droits qui soient respectés sont ceux qui savent se défendre.

Le malheur de la France c'est que, poursuivant la liberté avec passion, elle n'a jamais voulu prendre le chemin qui y conduit.

Elle a détruit les corps indépendants, anéanti les autonomies locales, centralisé toutes les fonctions, accordé tout pouvoir à des agents irresponsables, rendu impossible toute résistance légale, et élevé ainsi un colosse qui absorbe toute la vie nationale et qui, dans l'enivrement de la toute-puissance, mène le pays à sa perte.

La France n'hésite pas à renverser des dynasties, elle

n'ose se décider à restreindre les exorbitantes prérogatives du pouvoir qui provoque ces révolutions incessantes; au contraire, après chaque crise, elle les augmente, croyant assurer mieux ainsi la stabilité des institutions politiques.

Il est temps de revenir de cette erreur; il faut restreindre de toute façon la sphère d'action du pouvoir souverain, en fractionnant l'administration en services indépendants et non hiérarchiques, en rétablissant les institutions provinciales et en armant puissamment les citoyens contre l'arbitraire des fonctionnaires. Alors seulement le mot de république commencera à devenir synonyme de celui de liberté.

FIN.

ANNEXE

LA REPRÉSENTATION PROPORTIONNELLE.

Le mode de votation employé encore presque partout pour nommer les membres des corps délibérants, chambres, conseils communaux ou provinciaux, est détestable et barbare. Des écrits nombreux (1) l'ont prouvé à toute évidence. Nul n'en disconviendra, à moins d'avouer qu'il ne s'est pas occupé de la question.

(1) Fawcett, *M. Hare's, Reform bill simplified.* London, 1860. — H. R. Droop, 1° *On Methods of electing representatives.* London, 1868 ; 2° *Political and social effects of different modes of voting.* 1869. — Francis Fisher, *The nomination of candidates for civic and political office.* Philadelphia, 1868. — Simon Sterne, *On representative government and personal representation.* Philadelphia, 1871. — Rigby Smith, *Personal representation.* London, 1868. — *Les minorités et le suffrage universel*, par le baron de Layre. 1868. — *Le droit des minorités*, par Maria Chenu. 1868. — *Le suffrage universel*, par le docteur Tony-Moilin. — *De la représentation des minorités*, par le duc d'Agen. — *Le suffrage universel et le droit des minorités*, par le marquis de Biencourt (*Correspondant*, juin 1870). — Ph. Bourson, *Le système électoral proposé par M. Th. Hare.* Bruxelles, 1864. — *De la réforme électorale*, par Rolin-Jacquemyns. Bruxelles, 1865. — Guido Padelletti, *Teoria della elezione politica.* Naples, 1870. — Luigi Palma, *Del potere elettorale negli stati liberi.* Milan, 1869. — Ferraris Carlo, *La rappresentanza delle minoranze nel parlamento.* — Dr Gustav Burnitz und Dr Georg Varrentrapp, *Methode bei jeder Art von Wahlen sowohl der Mehrheit als der Minderheit. die ihrer Stärke entsprechende Zahl von Vertretern zu sichern.* Francfurt, A. M. 1863. — Bluntschli, *Allgemeines Staatsrecht.* T. 16. 492. München, 1863. — *De la question électorale*, par M. A. Morin. Genève, 1869. — *La question électorale en Europe et en Amérique.* Genève, 1871. — J. Borely, *Représentation proportionnelle de la majorité et des minorités.* Paris, 1870.

Le système actuel fausse le système représentatif. Les majorités seules sont représentées. Les minorités sont traitées comme si elles n'existaient pas. Il arrive même souvent que la majorité dans les chambres est nommée par la minorité des électeurs, ou qu'une résolution prise par une majorité dans le parlement soit contraire aux vœux de la grande majorité des électeurs.

Le système actuel force les opinions diverses à se grouper en deux partis rivaux, sous peine de voir leurs suffrages se perdre sans résultat. Il impose ainsi des alliances parfois monstrueuses et, en tout cas, il empêche les opinions indépendantes et originales de se manifester.

Il abaisse le niveau de la capacité des membres du parlement, parce qu'il ne laisse pas de place aux esprits vigoureux qui ne sont pas appuyés par les meneurs locaux des partis. Ainsi, Stuart Mill, qui dans toute l'Angleterre aurait réuni plus de voix que tout autre candidat, n'a pas été réélu par le collége local qui l'avait nommé une première fois. Maintenant dans certains pays les abstentions sont si nombreuses qu'on s'en inquiète. Elles proviennent de ce que beaucoup d'électeurs ne veulent voter pour aucun des deux candidats qui seuls ont chance d'être nommés. Ils voteraient certainement, s'ils pouvaient le faire utilement pour un candidat de leur choix.

Les vices du système actuel sont si grands, si incontestables, si funestes à tous les partis et à tous les pays où il est en vigueur, qu'il suffit de les signaler pour faire condamner ce qui se fait maintenant.

Mais est-il un mode de votation qui réponde à la fois aux exigences de l'équité et de la pratique ?

Nous avons déjà indiqué dans le texte le « vote cumulatif » et « le vote restreint ». Le premier est employé dans les élections pour les *school boards* en Angleterre, et récemment il a été adopté aussi dans l'Illinois d'une façon générale ; le second est en usage en Angleterre pour les colléges où trois candidats sont à nommer. — Ces combinaisons valent beaucoup mieux que le système actuel, parce qu'elles permettent aux minorités nombreuses de se faire représenter. Mais elles sont encore loin d'être parfaites, et elles aboutissent parfois à des résultats peu équitables.

Deux autres modes bien meilleurs méritent surtout de fixer l'attention. Ce sont « la représentation personnelle » proposée par M. Hare et perfectionnée dans ses détails par le comité de réforme électorale de Genève dont M. Naville est président; et « le vote uninominal » imaginé par M. Walter Baily (1) et recommandé par M. le marquis de Biencourt dans le *Correspondant* et par M. Naville dans son étude récente sur la *Réforme électorale en France.*

Voyons d'abord quel est le but à atteindre. La perfection serait que chaque parti, chaque opinion eût un nombre de représentants proportionnel au nombre de ses adhérents. Aujourd'hui il n'en est pas ainsi. La majorité seule est représentée. Supposons 100 colléges de 1,000 électeurs chacun et 100 représen-

(1) Walter Baily, *A Scheme for proportional representation.*

tants à nommer. Un parti qui dans chaque collége obtiendrait une voix de majorité nommerait les 100 représentants avec 50,100 voix ; le parti qui disposerait de 49,900 voix n'aurait pas un représentant et serait gouverné par le vainqueur, sans pouvoir se faire entendre au sein du parlement. Un cas si extrême ne se présente pas, mais dans bien des pays on arrive à des résultats qui en approchent. Pour que la représentation soit proportionnelle, c'est-à-dire équitable, chaque parti devrait avoir autant de représentants qu'il compte de fois mille adhérents. Le nombre des électeurs ou plutôt le nombre des votants divisé par le nombre des représentants à nommer, est ce que l'on peut appeler le quotient électoral. Toute opinion qui réunit le « quotient électoral » devrait avoir un représentant ; deux représentants, s'il obtient deux fois ce quotient et ainsi de suite.

En théorie, tout le pays ne devrait constituer qu'un seul collége : de cette façon, tout candidat qui dans le pays entier obtiendrait assez de voix pour arriver au quotient électoral serait nommé. Chaque électeur pourrait voter pour un candidat de son choix, sans s'asservir aux ordres des comités électoraux sous peine de perdre son suffrage, et sans être obligé de voter pour des hommes qu'il n'aurait pas choisis s'il avait été libre. Les esprits vraiment éminents, originaux, connus, estimés par la nation entière, mais sans influence locale, arriveraient ainsi au parlement sans difficulté, et y apporteraient un ferment de vie et de progrès qui manque trop souvent aujourd'hui.

Faire de tout le pays un collége électoral unique serait évidemment conforme à la théorie du régime représentatif moderne, qui veut que le député représente non la localité qui le nomme, mais la nation tout entière (1). Cependant ce système, défendu avec beaucoup de talent par M. de Girardin, n'a jamais été admis dans la pratique, parce que les difficultés d'exécution semblaient insurmontables. D'abord comment faire le relevé des suffrages dans le pays entier? En second lieu, objection bien plus grave : Un représentant qui n'aurait eu qu'une fois le quotient électoral aurait disposé au parlement d'un suffrage comme celui qui aurait dix ou vingt fois le quotient, ce qui faussait complétement la représentation. Pour obvier à cet inconvénient on a proposé de donner à chaque représentant un nombre de suffrages égal au nombre de fois qu'il aurait eu le quotient électoral. De cette façon, en effet, chaque parti aurait disposé d'un nombre de voix proportionnel au nombre de ses adhérents (2). Mais cette puissance inégale accordée aux différents représentants est si contraire aux idées dominantes, qu'il serait difficile de la faire admettre. En outre, dans les chambres délibérantes, le vote n'est pas tout; la discussion n'est pas moins importante. Il importe

(1) La constitution belge porte, article 32 : « Les membres des deux chambres représentent la nation et non uniquement la province ou la subdivision de province qui les a nommés ». Ce principe est sous-entendu ou énoncé dans toutes les constitutions modernes.

(2) Ce système est défendu par la *Personal representative Society* de New-York, et par M. I. M. Ludlow dans la *Contemporary Review*. Septembre 1868.

donc que le nombre de représentants jugé le meilleur soit au complet. Puis si le représentant qui dispose de plusieurs voix est absent, un changement trop grand peut se produire dans la force relative des partis.

Voici différents moyens d'échapper à ces difficultés, sans renoncer au but si désirable qu'il s'agit d'atteindre, j'entends la représentation proportionnelle et personnelle.

M. Hare a proposé un procédé que M. Stuart Mill considère comme l'une des découvertes les plus importantes, en politique, que l'on ait faites de notre temps. — Chaque électeur écrit sur son bulletin d'abord le nom du candidat auquel il tient le plus, puis, dans l'ordre de ses sympathies, les noms des personnes qu'il désire voir arriver ensuite au parlement. Au dépouillement chaque bulletin ne compte que pour un nom. Aussitôt qu'un candidat a réuni le quotient électoral, il est proclamé élu. Puis les bulletins qui portent son nom sont acquis au nom suivant, et ainsi de suite. Il en résulte que tout bulletin compte toujours pour l'opinion qu'il était destiné à faire prévaloir. Un parti qui a 100,000 adhérents aura 100,000 votes, qui lui vaudront autant de représentants que ce nombre contiendra de fois le quotient électoral. La représentation sera ainsi rigoureusement «proportionnelle». Elle sera aussi «personnelle», car chaque électeur aura contribué à faire élire, en premier lieu, la personne à laquelle il tenait le plus, en second lieu, celle qui venait au second rang dans ses sympathies, et ainsi de suite.

Ce procédé de votation est simple et rationnel. Cependant il serait difficile de le combiner avec l'unité du collége électoral dans un grand pays, parce que l'on ne peut demander aux électeurs ordinaires d'inscrire sur leurs bulletins 300 ou 400 noms rangés dans l'ordre de leur préférence. — Il faudrait donc adopter des circonscriptions électorales nommant 15 ou 20 représentants. De cette façon tous les partis importants, même dans leurs différentes nuances, arriveraient à se faire représenter, et l'on pourrait même, à la rigueur, établir l'unité de collége pour les votes excédant le quotient électoral, suivant une combinaison très-ingénieuse proposée au grand conseil du canton de Neufchâtel. Pour les détails d'application il faut consulter l'intéressante brochure de M. Naville et les travaux de l'association de Genève pour la réforme électorale (1).

Le système du « vote uninominal » de M. Baily est peut-être encore plus simple que celui de M. Hare. Il pourrait s'appliquer à un collége électoral plus étendu. Rien même ne s'opposerait absolument à ce qu'il se combinât avec l'unité de collége embrassant un pays tout entier. — Chaque électeur vote pour un seul nom, mais chaque candidat doit avoir déposé et publié d'avance une liste de noms, à qui seraient comptés successivement les suffrages qu'il aurait obtenus au delà du quotient électoral nécessaire pour

(1) Voy. *Travaux de l'association réformiste* de Genève, H. Georg, éditeur, 1871, et la *Question électorale*, par Ernest Naville. 1871, p. 130.

assurer son élection. — Prenons un exemple : Paul se porte candidat, et il publie la liste des noms suivants : Jean, Louis, Frédéric, Jacques. Le quotient électoral étant 1,000, quand Paul a réuni 1,000 voix, il est élu. Les autres bulletins portant son nom sont ensuite comptés à Jean, puis quand Jean est élu à son tour, à Louis, puis à Frédéric, enfin à Jacques.

C'est donc une sorte d'élection à deux degrés, donnant en certaine mesure aux chefs de partis, le pouvoir de désigner ceux qui peuvent le mieux représenter leur opinion. Ici c'est le chef de l'opinion qui fait la liste que, dans le système de M. Hare, l'électeur doit rédiger lui-même. M. Hare donne plus d'influence au choix individuel de l'électeur, M. Baily à la capacité de ceux qui sont appelés à guider les électeurs. En réalité, ce seraient comme maintenant les meneurs des différents partis qui dresseraient les listes. Seulement il y aurait place pour toutes les opinions et même pour les principales nuances de chaque opinion. Il ne faudrait pas, malgré soi, s'embrigader dans les rangs de l'un des deux ou trois grands partis qui seuls dans le système actuel peuvent faire passer leurs candidats. Les chefs de chaque parti, d'accord avec le candidat le plus populaire, arrêteraient la liste, et puis les adhérents de ce parti porteraient tous unanimement le nom du candidat qui aurait la chance de réunir le plus de voix. Chaque fraction de l'opinion aurait ainsi, à peu près exactement, le nombre de voix auquel le nombre de ses adhérents lui donne droit. Toutes les voix qu'un candidat obtient sur n'importe quelle liste lui sont comptées. Seulement chaque bulletin ne peut compter qu'une fois. Aussitôt qu'une nuance de l'opinion dispose d'un nombre de voix égal au quotient électoral, elle peut obtenir un représentant.

On le voit, ce système est à la fois très-simple et très-équitable. Le seul inconvénient est qu'il s'éloigne du système détestable actuellement en vigueur. C'est un mérite, mais c'est probablement à cause de ce mérite qu'il ne sera pas adopté de sitôt. Néanmoins la réforme du système électoral est si urgente, qu'elle devrait fixer l'attention de tous ceux qui s'occupent de l'amélioration des formes de gouvernement. C'est une question dont les événements contemporains feront chaque jour mieux comprendre l'importance.

FIN.

TABLE DES MATIÈRES

FIN DE LA TABLE DES MATIÈRES.

PARIS. — IMPRIMERIE DE E. MARTINET, RUE MIGNON, 2.

PARIS. — IMPRIMERIE DE E. MARTINET, RUE MIGNON, 2.

www.ingramcontent.com/pod-product-compliance
Ingram Content Group UK Ltd.
Pitfield, Milton Keynes, MK11 3LW, UK
UKHW022054190726
13855UKWH00002B/494

9 782013 442732